AF462118

LE GUIDE

DU

PONTONIER.

On ne tire que cent exemplaires de cet ouvrage. Ils seront tous donnés par l'auteur.

LE GUIDE

DU PONTONIER.

Mémoire sur les Ponts Militaires,

Contenant *ce qui a rapport aux reconnaissances et passages de Rivières ; la construction des Ponts de Bateaux, de Radeaux et de Chevalets ; la formation d'un nouvel équipage de Ponts de bateaux, etc.*

Par M. DRIEU,

CAPITAINE AU CORPS ROYAL D'ARTILLERIE, CHEVALIER DE LA LÉGION-D'HONNEUR.

A CAEN,

Chez F. POISSON, Imprimeur-Libraire, rue Froide.

1815.

AVANT-PROPOS.

Le Mémoire que je présente ici n'est, si l'on veut, qu'une seconde édition d'une brochure que je fis imprimer en 1811. Je me suis proposé, dans cet ouvrage, de rassembler toutes les données nécessaires pour faire construire les matériaux d'un équipage de Pont, et d'établir les principes relatifs aux diverses constructions et manœuvres des Ponts. Pour y parvenir, j'ai dû faire des recherches sur une foule de méthodes, de formes et de dimensions abandonnées pour la plupart à la routine. Je me suis bien gardé de me laisser séduire par les nouveautés ; je sais que les innovations entraînent souvent de plus grands abus que ceux qu'on veut supprimer : ce n'est pas une raison pour rejeter les propositions nouvelles, mais bien pour les examiner avec soin.

Si un bon équipage de Pont doit être le fruit des remarques d'un esprit juste et observateur, que n'a-t-on pas lieu de présumer en faveur de celui que je présente, formé d'après les idées du général Eblé ?

Les Ponts volans sont les plus compliqués de ceux dont on fait un fréquent usage à l'armée. J'ai fait voir le rôle que joue chaque pièce, d'où j'ai pu tirer les conséquences relatives à la forme, à la position et aux dimensions de chaque partie.

J'ai conservé aux Radeaux toute la simplicité qui doit caractériser leur construction, même dans le cas le plus embarrassant : celui où la rivière est rapide, et où l'on n'a que des bois très-courts pour former les Radeaux.

Enfin, j'ai dit un mot des Ponts de chevalets, qui ne demandent point de grands détails. On pourrait, il est vrai, compliquer leur construction, mais on ferait d'autant plus mal que l'on s'écarterait davantage de la simplicité de leur forme primitive.

Il n'est aucun ouvrage, que je sache, qui donne sur les Ponts militaires des notions exactes et suffisantes. *L'aide-Mémoire* laisse beaucoup à désirer ; l'ouvrage de Hoyer, qui a pour titre *Pontoniers Wissenschaft*, en 5 volumes, est bien inutilement hérissé de calculs numériques et algébriques. On y trouve une foule de détails minutieux ; mais on y chercherait envain ces principes invariables qui forment vraiment *la science du Pontonier.*

NOTIONS GÉNÉRALES.

Les ponts militaires sont ceux tendus promptement sur un fleuve, pour effectuer le passage des troupes d'une rive à la rive opposée.

Les rivières sont en général une fortification naturelle favorable à une armée défensive : elles arrêtent un moment la marche de l'armée offensive, la forcent d'établir des ponts et de se présenter sur un front très-resserré.

Mais le plus souvent les talens d'un général détruisent ces obstacles : soit par des passages simulés, qui obligent l'armée défensive de rassembler ses forces sur les points menacés, tandis que, par des mouvemens rapides, on se porte aux endroits dégarnis de troupes ou faiblement défendus, soit en profitant des positions avantageuses, d'où les feux croisés de l'artillerie chassent l'ennemi de la rive opposée, protègent l'établissement du pont et le passage de l'armée.

On passe les rivières sur la glace, au gué,

à la nage, dans des bateaux, ou sur des portières (qui peuvent être armées de canon) ou sur les ponts.

C'est d'après la *reconnaissance* d'une rivière que l'on détermine les endroits favorables aux passages. Cette reconnaissance doit indiquer :

1°. Le pays où la rivière prend sa source ; ceux qu'elle traverse dans l'étendue de son cours jusqu'à son embouchure ; les rivières dont elle reçoit les eaux ; les débouchés par terre qui aboutissent à quelques points de la rivière ;

2°. La nature des bords, leur escarpement ; les positions militaires avantageuses que présentent les rives ; les points favorables aux passages de vive-force ; les ponts existans, en pierre, sur pilotis, etc. ; les ponts volans, bacs ou autres moyens de passage établis ; les moulins ; les retenues d'eau qui peuvent faire varier la profondeur de la rivière et la rendre guéable ou non ; les différentes largeurs de la rivière ; les îles dont on peut profiter pour appuyer les ponts ; la profondeur ordinaire des eaux ; la profondeur lors des plus basses eaux ; la rapidité du courant ; les époques des crues ordinaires, l'étendue de terrain qu'elles inondent ; si la rivière gèle, à quelle époque la glace porte ; l'époque ordinaire de la débacle des glaces ;

3°. Relativement à la navigation, on indiquera depuis quelle point la rivière est navigable pour de grands bateaux, pour de petits bateaux ; quelles sont les diverses espèces de bateaux qui naviguent sur la rivière, leurs chargemens lors des hautes eaux ; lors des basses eaux ; si le chemin de hallage est praticable pour des chevaux, pour des hommes, les endroits où il est rendu impraticable par des fossés, bois, marais, etc. ;

4°. Quelles sont les places fortes qui se trouvent sur la rivière, la valeur de leurs fortifications, leurs garnisons, armemens et approvisionnemens ; les villes ouvertes ; les ressources qu'elles peuvent fournir à l'armée ; les approvisionnemens en bateaux ; bois propres à la construction de radeaux, flottans, ou en dépôt sur les rives, ou en magasin, ou sur pied ; les scieries à eau et à vent ; les ouvriers en bois et en fer.

Les gués (1) ne doivent avoir que 3 pieds au plus de profondeur pour l'infanterie (2) et 4

---

(1) La plupart de ces articles sur les gués sont pris dans l'Aide-Mémoire.

(2) On a fait passer de l'infanterie au gué dans des endroits où, sur une petite largeur seulement, il y avait jusqu'à 4 pieds d'eau. On faisait d'abord passer les soldats les plus grands, qui savaient nager ; les autres sui-

pieds pour la cavalerie. Les meilleurs ont un fond de gravier. Dans un pays de montagnes, ils sont souvent embarrassés de grosses pierres qui les rendent difficiles à la cavalerie et impraticables pour les voitures. Dans un pays de sables ou de bruyères, le fond est souvent un gravier très-fin qui se délaie quand on fait passer une grande quantité de chevaux. L'eau l'entraîne, le gué se creuse et les derniers passent à la nage.

Ce n'est pas où le courant est le moins rapide et le lit de la rivière resserré qu'il faut chercher des gués : on les trouve ordinairement où son lit est élargi, lorsque l'eau a de la rapidité sur une certaine largeur.

Quand on verra une rivière passer avec rapidité entre deux bancs de sable, on la fera sonder d'un banc à l'autre. Il est rare qu'elle ne soit point guéable en pareil cas.

Un moyen sûr de reconnaître les gués, est de descendre la rivière dans une nacelle, à laquelle on attache une sonde qui est arrêtée par un cordage que l'on met de 3 pieds dans l'eau. La

---

vaient en tenant ceux-là par la main. On formait ainsi une chaîne en travers de la rivière : en sorte que si par l'effort du courant quelques hommes perdaient pied, ils étaient soutenus et entraînés par les autres.

sonde avertit des gués par le mouvement qu'elle fait.

Il ne faut pas s'en rapporter aux gens du pays sur la quantité et la qualité des gués, mais vérifier leurs renseignemens.

On remarque la hauteur des eaux au moment où l'on reconnaît le gué au moyen d'un piquet gradué. Si la rivière a cru et diminué, on sondera derechef; car la crue des eaux en augmentant le courant peut creuser le lit.

On rompt les gués en les coupant par un fossé: c'est le meilleur moyen. On les embarrasse avec des herses de laboureur, placées les chevilles en dessus et fixées par des piquets ou de grosses pierres; ou bien on jette des arbres dans le gué, la tête vers la rive opposée.

Les endroits favorables aux passages et à l'établissement des ponts, doivent communiquer avec les débouchés par terre. Il faut que les rives ne soient pas trop escarpées, que les abords ne soient point marécageux, ce qui obligerait de construire une route en fascines pour la cavalerie et les voitures.

Il est évidemment avantageux que la rive opposée présente un saillant (1), afin que l'en-

(1) On trouve la proposition contraire dans l'Encyclopédie.

nemi en soit éloigné par les feux croisés de l'artillerie que l'on établit sur les côtés. Mais, si le passage se fait en présence de l'ennemi, il faut que le terrain en avant du pont, offre un espace suffisant au développement de l'armée après son passage.

On profite souvent des rivières qui se jettent dans celle que l'on veut traverser pour les préparatifs du passage et l'embarquement des troupes.

Pour effectuer le passage de vive-force avec les bateaux des équipages de ponts, on les fait décharger de dessus leurs haquets, le plus près que l'on peut de la rive, sans pourtant être apperçu de l'ennemi; delà, on les porte rapidement à l'eau, on s'embarque, et le passage est brusqué autant que possible.

Lorsqu'on veut faire passer de l'artillerie avant que les ponts soient finis, on la transporte sur des portières construites avec un grand bateau, ou sur deux bateaux d'équipage, ou faute de bateaux, sur un fort radeau.

Il est nécessaire de jeter plusieurs ponts à la fois, à quelque distance l'un de l'autre : le passage se fera plus promptement et l'on n'aura pas à craindre que l'ennemi rompe la communication.

lorsqu'une partie seulement de l'armée a passé la rivière.

On aura l'attention de ne point tendre les ponts peu en dessous du confluent des rivières qui débouchent dans celle qu'on veut traverser, quand ces premières coulent dans le pays occupé par l'ennemi : il en profiterait pour envoyer contre les ponts des corps flottans qui les rompraient d'autant plus facilement que le courant serait plus rapide.

On conçoit facilement, et l'expérience le prouve, que le résultat des opérations de l'armée peut dépendre de la conservation d'un pont. Il est pourtant certain que l'on n'a pas encore fixé d'une manière invariable les principes qui doivent guider dans la construction et les principales manœures des ponts. Tous les équipages construits sont de différens modèles, et plus ou moins vicieux : parce qu'avant de les construire, on n'a pas rassemblé sous un même point de vue toutes les conditions auxquelles ont doit satisfaire, en ayant égard à leur degré d'importance. On a trouvé l'équipage à la Gribeauval trop lourd, on l'a abandonné. Les équipages de pontons de cuivre ont été jugés pesans, les pontons naviguant mal, peu stables sur les rivières rapides et trop sujets à des réparations. L'équipage d'Italie, construit à Pavie, a été abandonné. L'équipage d'avant-garde de l'artillerie de l'an XI n'a pas été suivi : car celui construit à Dantzick en 1812 est imité de l'équipage autrichien et sera sans doute oublié à son tour. Tous ces changemens successifs prouvent assez qu'aucun de ces équipages n'est convenable. (1)

Il serait bien à désirer que l'on s'occupât à perfectionner une partie de l'art militaire dont l'importance a été si vivement sentie dans les dernières guerres et qui a fait si peu de progrès jusqu'à présent.

Pour que les ponts militaires eussent toute la stabilité nécessaire, il faudrait qu'ils pussent résister au choc des machines flottantes que l'ennemi envoie pour les rompre, et au chariement des glaces qui a lieu à l'époque à laquelle la rivière commence à geler. Avant donc de cons-

(1) On a tenté de remplacer le bois par d'autres substances, pour former les parois des bateaux. En France, nous avons encore des pontons de *cuivre*; les équipages des allemands sont en *fer-blanc*; les bateaux russes sont en *cuir* ou en *toile* goudronnée. Mais les propriétés du bois le feront toujours préférer à toute autre matière.

truire un pont, on doit être bien informé des moyens que l'ennemi pourra employer pour le détruire. On estimera l'effort auquel il devra pouvoir résister (1), et c'est d'après cette connaissance que l'on déterminera le système de construction dont on fera usage, et les précautions à prendre pour la conservation du pont.

On construit souvent des ponts avec les bateaux du pays, que l'on trouve sur la rivière qu'on veut traverser. Si l'ennemi a fait disparaître ces bateaux, en les éloignant ou en les coulant à fond, et si la rivière n'est pas trop rapide, on aura bientôt fait construire des radeaux avec les bois que l'on se procurera d'après les ressources du pays. Si la rivière est peu profonde et qu'il soit difficile de se procurer des bois d'assez fort échantillon pour faire des radeaux, on pourra construire un pont sur chevalets.

Outre les ponts de bateaux, de radeaux et de chevalets, on compte les ponts sur pilotis; les ponts roulans; les ponts de cordages et de tonneaux; ceux de cordages suspendus; ceux de chassis soutenus par des caisses ou par des outres. De tous ces ponts, ceux dont on fait

---

(1) Voyez la note A.

un fréquent usage à l'armée, sont : les ponts de bateaux, les ponts de radeaux et les ponts de chevalets.

Principes généraux relatifs à la construction des ponts.

Les ponts dont nous nous occupons sont composés de corps de supports, plus ou moins distans l'un de l'autre, réunis par des poutrelles recouvertes de madriers; l'ensemble des poutrelles et madriers est nommé *Tablier du pont*. Une *Travée* est la partie du tablier comprise entre les milieux de deux corps de support voisins. On nomme *Pontée* l'ensemble d'un corps de support et de la travée qui le précède ou le suit immédiatement. *La portée des poutrelles* est la distance entre les points de contact les plus rapprochés des poutrelles avec deux corps de support sur lesquels posent leurs extrémités. On nomme *Culées* les pontées extrêmes du pont.

Plus la portée des poutrelles sera grande, plus le pont sera en sûreté contre les arbres et autres corps flottans que le courant amènera sur le pont. Ainsi,

Sur les rivières rapides ou sujettes aux crues, on devra faire les portées les plus grandes possibles,

sibles, sans toutefois trop affaiblir le tablier qui doit résister aux fardeaux qui passeront sur le pont;

Sur les rivières tranquilles, on pourra diminuer la portée des poutrelles, ce qui n'aura d'autre inconvénient que d'exiger un plus grand nombre de corps de support.

Si le courant de la rivière est peu rapide, et tel que le pont puisse résister aux chocs auxquels il est exposé, on doit lier fortement le tablier aux bateaux, ou radeaux, ou autres corps de support.

Si la rivière est très-rapide, ensorte que le pont soit jugé ne pas pouvoir résister aux chocs des corps flottans dont il est menacé, il faut alors, ou que la liaison du tablier avec les corps de support ne soit pas aussi intime, afin qu'un des bateaux ou radeaux du pont puisse être entraîné sans qu'il en résulte sa destruction totale; ou qu'il n'y ait pas continuité entre toutes les pontées, pour que l'on puisse faire au pont une coupure qui donnera passage au corps flottant qui vient pour le détruire.

La longueur du corps de support doit être dans la direction du courant : ce qui fait que les poutrelles du tablier ne sont pas toujours perpendiculaires à la ligne milieu du bateau, radeau, ou etc.

On courbe généralement les ponts, en leur faisant présenter un saillant en amont. Cette courbure leur donne de la solidité, parce qu'ils forment voûte contre le courant. Le cintre du pont sera d'autant plus sensible, que la rapidité des eaux sera plus grande.

Si le courant est très-faible, il est inutile de courber le pont; et l'on devra le faire en ligne droite si la rivière est sujette au flux et reflux, ou si les vents d'aval sont plus souvent violens que ceux venant d'amont, ce qui a lieu près de l'embouchure des fleuves.

Les ponts de bateaux sont les meilleurs sur les rivières larges et rapides; ils sont même les seuls que l'on doive y employer. (1)

Les ponts de radeaux ne réussissent bien que sur les rivières qui ne sont pas très-rapides.

Les ponts de chevalets se construisent sur les rivières peu profondes. On doit leur préférer les ponts de bateaux et ceux de radeaux.

---

(1) Les ponts sur pilotis sont préférables: mais on en fait abstraction, parce qu'il faut trop de temps pour les construire.

DES PONTS DE BATEAUX.

La construction des ponts est plus simple avec les bateaux d'équipage qu'avec ceux trouvés sur les rivières des pays où l'on fait la guerre, parce que ces derniers ont ordinairement de trop fortes dimensions, et que les autres matériaux du pont doivent être en rapport avec les bateaux.

Nous allons d'abord supposer que le pont sera fait avec les bateaux d'inégales grandeurs, trouvés sur la rivière entre les rives de laquelle on veut établir la communication.

On rassemblera par espèces les matériaux du pont : les bateaux immédiatement en dessous de la place déterminée pour la culée ; ensorte qu'on les remontera pour les ponter ; ce qui ne présente pas l'inconvénient qui aurait lieu, si l'on réunissait les bateaux en dessus de la culée : car alors, en les descendant pour les placer au pont, il pourrait arriver qu'on viendrait détruire le travail déjà fait.

Les poutrelles et madriers sont réunis près de la culée, à gauche et à droite de la direction du pont. (On est supposé faire face à la rive opposée). Les autres matériaux et agrès seront disposés de la manière la plus commode à l'emploi qu'on en va faire.

Pour procéder à la construction du pont, on place le *corps-mort*: c'est ainsi que l'on nomme un bout de poutrelle d'environ 16 pieds de longueur, que l'on enterre sur le bord de la rivière, et auquel sera fixé une extrémité des poutrelles de la première travée. Les circonstances locales feront voir de combien il doit être enfoncé en terre, pour que la pente des poutrelles de la culée ne soit pas trop rapide. Il est retenu par quatre forts piquets, deux à ses bouts et deux en avant vers ses extrémités. En arrière, et contre le corps-mort, on met un madrier qui s'élève, afin de poser contre les bouts des poutrelles de la première travée. Ce madrier est destiné à les empêcher d'aller en arrière.

On amène le premier bateau près de la rive, dans la direction du pont (1); on place les poutrelles de la première travée, une extrémité sur le corps-mort, posant sur le premier bateau et le dépassant.

Les poutrelles d'une travée sont ordinairement au nombre de cinq (2). On les espace également,

---

(1) Les bateaux des culées sont ceux qui éprouvent le plus grand effort de la part des fardeaux qui passent sur le pont, à cause de la pente des culées; on y placera donc deux bateaux très-solides.

(2) On met 6 ou 7 poutrelles quand elles sont faibles.

de manière à ce qu'il y ait une distance d'environ 15 pieds, de milieu à milieu, entre les deux extrêmes (1). On clamaude fortement les poutrelles au corps-mort (2). Pour pousser le

---

qu'elles n'ont que 5 à 6 pouces d'équarrissage. On en met 4 seulement quand leur équarrissage est de 10 pouces au moins, et que la portée n'est pas de plus de 20 pieds.

(1) On donne de 10 à 15 pieds, selon le nombre de poutrelles et leur équarrissage.

(2) Clamauder les poutrelles à un corps, c'est les unir à ce corps avec un double crochet en fer nommé *clameau*, dont voici les dimensions ordinairement adoptées : une branche de 8 pouces de longueur, 15 lignes de largeur et 4 lignes d'épaisseur, ayant à chaque extrémité une pointe de 3 pouces de longueur. Les deux pointes doivent un peu converger du côté de leurs extrémités.

Si les deux pointes sont dans un même plan, le clameau est dit *plat* ou *à une face*. Si les deux pointes sont sur deux faces perpendiculaires entr'elles, le clameau est *à deux faces*. On se sert pour forger ces derniers de barres quarrées de 6 à 8 lignes.

Il entre dans la construction d'un pont deux fois autant de clameaux à une face que de clameaux à deux faces.

Les clameaux qui fixent à un bateau les poutrelles d'une travée, doivent tous être mis du même côté de

bateau au large, on soulève la partie des poutrelles qui pose sur le bateau; on fait effort sur ces poutrelles, comme si on voulait les pousser à terre : le bateau va au large. Quand les poutrelles ne dépassent plus que d'un pied environ le plat-bord extérieur du bateau (*extérieur* veut dire ici, le plus éloigné de la rive de départ; l'autre côté est alors *intérieur*), on les y fixe par cinq clameaux à deux faces, ayant soin avant tout d'espacer les poutrelles et de placer le bateau à la hauteur convenable à l'alignement du pont : la poutrelle du milieu doit correspondre un peu en arrière du centre de gravité du bateau, afin qu'étant ponté il lève l'avant-bec que le cordage d'ancre tend à faire plonger; par-là on diminue l'effort du courant contre le bateau.

Aussitôt que les poutrelles sont mises à leurs distances, on *couvre* la première travée : c'est-à-dire que l'on pose les madriers sur les poutrelles, en les faisant dépasser également à droite et à gauche des poutrelles extrêmes (1).

---

la poutrelle, à droite ou à gauche, selon que les poutrelles de la travée suivante devront être placées à gauche ou à droite de celles-là. [On est toujours supposé faire face à la rive opposée, ou qu'on veut atteindre].

(1) Chaque madrier, que je suppose avoir 17 pieds de

Le bateau de la culée est retenu par deux cordages d'ancre, amarrés à des piquets plantés sur la rive. Celui d'amont sera plus ou moins éloigné de la culée, selon que le courant est plus ou moins rapide (1).

Pendant que l'on couvre la première travée, on fait amener le second bateau, que l'on met à côté du premier bord-à-bord; on jette en même-temps l'ancre à laquelle il doit être amarré (2).

---

longueur, 12 pouces de largeur et 2 pouces d'épaisseur, sera porté par deux hommes. Ils le porteront avec le bras droit et arriveront par la droite du pont. Ils le remettront à ceux chargés de le placer, et se retireront par la gauche du pont. On doit exiger strictement que les hommes qui apportent les madriers, les tiennent avec le bras droit: s'ils les portaient à gauche, ils seraient fort embarrassés pour se retirer après les avoir quittés. Les deux hommes qui couvrent sont placés sur les poutrelles extrêmes, le dos tourné à la rive opposée.

(1) Voyez note B, la manière de faire les nœuds et d'épisser les cordages.

(2) Les bateaux sont retenus fixés contre le courant par de longs cordages amarrés à des ancres, grapins ou autres masses pesantes.

Il est constant que la meilleure longueur à donner au cordage d'ancre est celle nécessaire pour qu'il fasse

Les deux bateaux sont tenus joints par deux cordages, qui vont de l'avant et de l'arrière-bec

---

avec le fond de la rivière, le même angle que ferait un cordage d'une longueur indéfinie. Or, cette longueur varie non-seulement avec la profondeur de la rivière, mais encore avec la force du courant et la grandeur du bateau auquel le cordage est amarré. La théorie conduirait donc à donner aux cordages des longueurs différentes pour toutes les combinaisons qui peuvent résulter des variations de ces quantités.

L'Aide-Mémoire dit que, « si la rivière à 21 pieds de profondeur, un cordage d'ancre de 30 toises, sera de longueur suffisante, et fera avec le lit de la rivière un angle de 6°.42' ». Il aurait fallu dire pour quelle rapidité de la rivière, et quelle est l'espèce de bateau que retient le cordage, et ne pas donner comme résultat général celui tiré d'un cas très-particulier. Quoiqu'il en soit, l'expérience a indiqué la longueur à donner aux cordages d'ancre, pour qu'ils servent avantageusement dans toutes les circonstances.

Si la rivière charie des glaces, il est assez difficile de conserver les cordages qui sont sans cesse usés par le frottement. On peut remplacer la partie du cordage qui plonge par un chaînon en bois, composé de 3 ou 4 pièces de 6 pieds environ de longueur. On peut aussi avec avantage, ficeler cette partie du cordage. On augmente ainsi considérablement sa durée.

Les corps que l'on emploie pour l'ancrage sont : les

d'un bateau aux semblables becs de l'autre. Ces cordages, qui sont destinés à maintenir l'écar-

---

ancres, les grapins, des pilots, des paniers, qui peuvent avoir différentes formes, des caisses remplies de lourdes pierres, des masses pesantes, comme meules de moulin, etc.

Pour la nomenclature de l'ancre, voyez l'Aide-Mémoire. En suivant les proportions établies, on trouve que pour une longueur de la verge égale

5 pieds, l'ancre pèse environ 275 liv.
à
8 1100

Les ancres de différentes dimensions étant des solides semblables, on peut, à l'aide d'un des résultats ci-dessus donnés, trouver le poids d'une ancre dont on connaît la longueur de la verge, et réciproquement, le poids d'une ancre étant donné, on en déduira aisément la longueur de la verge.

Les *ancres* donnent le meilleur mouillage; mais sur un fond de rocher, on est souvent obligé de les jeter plusieurs fois avant de les faire *prendre*; quelquefois même on ne peut y parvenir; alors on a recours aux corps perdus dont nous allons parler.

Dans un fond sablonneux, on doit relever les ancres de temps en temps : autrement, il serait impossible de les relever, parce qu'elles seraient recouvertes de beaucoup de sable.

Les *grapins* prennent plus facilement que les ancres, parce qu'ils s'appuient sur deux pattes. Mais ils ont

tement entre les deux bateaux, quand le second sera poussé au large, prennent le nom de *Traversières*.

---

beaucoup moins de force et se cassent facilement à l'encolure. Les ancres sont donc préférables.

Si l'on peut se procurer une sonnette et planter des *pilots* pour y amarrer les bateaux, il sera très-avantageux de le faire : car on pourra employer des cordages d'ancre plus courts, et ils éprouveront une moindre tension que si l'on se sert d'ancres, puisque la résistance qu'ils opposent à l'effort des eaux agit parallèlement à la direction du courant. D'ailleurs, les pilots formeront une espèce d'estacade qui garantira le pont du premier choc des corps flottans.

Les *paniers* et les *caisses*, que l'on appelle *corps perdus*, ont l'avantage de pouvoir remplacer les ancres, quand la nature du fond ne permet pas de les employer. Il arrive d'ailleurs assez souvent que l'on n'a pas assez d'ancres, quand la rapidité de la rivière exige que l'on en jette une en amont de chaque bateau.

Les paniers sont construits avec des branches pliantes. Ils sont travaillés comme ceux employés aux usages domestiques.

Quand ils ont la forme d'un cône tronqué, on les perce de trois trous *ou fenêtres* à-peu-près à hauteur du centre de gravité. Par deux de ces fenêtres, qui sont diamétralement opposées, on fait passer une *traverse* longue de 12 à 15 pieds. On y attache le *corps*

Quand on a couvert jusqu'à un pied environ du plat-bord intérieur du premier bateau, on apporte les poutrelles de la deuxième travée;

---

flottant qui sort par la troisième fenêtre, percée un peu plus haut que les deux autres. Le corps flottant est un chaînon en bois, plus ou moins long, suivant la profondeur de la rivière. Un bout de chaîne en fer, ou un bout de cordage unit le chaînon à la traverse.

Les dimensions des paniers doivent évidemment varier avec la force du courant, la grandeur des bateaux et la pesanteur spécifique des matières dont ils sont remplis.

Quand le panier est destiné à retenir le cable d'un pont volant, on lui donne de fortes dimensions.

Pour mouiller un panier, on le place sur deux pièces de bois mises en travers sur les plat-bords d'une nacelle; on le fait poser sur une des extrémités de ces traverses; on charge le panier; on bouche l'ouverture supérieure; et arrivé à l'endroit où l'on veut le jeter, on se sert des traverses comme leviers.

Si le panier a de trop fortes dimensions pour qu'il soit possible de le mouiller ainsi, voici le procédé à suivre:

Sur deux nacelles, dont l'écartement est fixé par deux traverses, on place quatre poutrelles de manière à faire croiser la 1re. et la 3e. sur la 1re. nacelle, et poser d'un pouce seulement sur la 2e.; les 2e. et 4e. poutrelles croiseront sur la 2e. nacelle, et porteront

on fait avancer trois de ces poutrelles, jusqu'à ce qu'elles croisent sur le second bateau, et dé-

d'un pouce sur la première. On clamaude les poutrelles au plat-bord extérieur de la nacelle sur laquelle elles croisent : le clameau ne doit pas être trop enfoncé, car il faut qu'il cède au premier coup de marteau. Après avoir posé le panier au centre de la travée, l'avoir chargé et conduit où l'on veut le jeter, des hommes baissés dans les nacelles détachent les clameaux à un signal donné ; les poutrelles font la bascule et le panier tombe sur son fond.

Si le panier a la forme d'une poire, il doit être jetté le gros bout vers le pont. L'arbre le traverse horisontalement, mais la fenêtre du chaînon est placée plus vers la base.

Quand le panier a la forme d'un œuf, l'arbre le traverse suivant son grand diamètre.

Mais la construction de paniers demande du temps. Il peut d'ailleurs être difficile de se procurer les branches pliantes nécessaires. Il est plus simple alors de faire des caisses, auxquelles on donne la forme d'un cercueil. Les planches qui les forment ont 2 pouces 6 lignes d'épaisseur. On jette les caisses le gros bout vers le pont. On peut, pour simplifier le travail, leur donner la forme d'un prisme rectangulaire. Le cordage d'ancre les traverse dans leur longueur. Leur capacité dépend des mêmes quantités que celle des paniers. On choisira les pierres silicieuses comme les plus lourdes pour charger les caisses. Faute de pierres, on les a quelquefois remplies de boulets.

passent d'un pied environ le plat-bord extérieur ; on les clamaude à ce plat-bord. Entre ces trois poutrelles et le tablier de la première travée, on place des rouleaux.

Tout étant ainsi disposé, on pousse le bateau au large. A cet effet, deux hommes démarrent les traversières dans le second bateau, et se tiennent prêts à laisser filer du cordage ; en faisant effort contre les trois poutrelles le bateau s'éloigne. On juge que la distance entre les deux bateaux est convenable, quand les poutrelles ne croisent plus que d'un pied environ en deça du plat-bord intérieur du premier bateau. On fait passer les deux autres poutrelles de la travée, au moyen de rouleaux mis sur les trois déjà placées, et à l'aide de cordages, attachés à l'extrémité de chaque poutrelle, sur lesquels tirent les hommes qui sont dans le second bateau. On donne la direction et l'écartement convenables aux poutrelles, et on les clamaude au plat-bord extérieur du deuxième bateau. On jumellera les poutrelles de la deuxième travée à celles de la première : les deux clameaux plats qui jumellent chaque couple de poutrelles, doivent converger l'un vers l'autre. On n'en mettrait qu'un, qui serait placé de manière à empêcher chaque poutrelle de la deuxième travée de s'éloigner de la rive de départ, si l'on voulait qu'il n'y eût pas liaison intime entre toutes les travées. Dans ce cas, on ne devrait nullement courber le pont, mais le faire en ligne droite. On mettra le bateau à la hauteur convenable à l'alignement du pont, en le remontant ou en descendant sur le cordage d'ancre.

S'il ne devait pas y avoir de cordage d'ancre au bateau que l'on pousse au large, on l'empêcherait de descendre en le retenant avec un cordage mis en croisière de l'arrière de ce bateau à l'avant du dernier ponté.

Pendant que l'on couvre la deuxième travée, on place les *guindages* ou poutrelles de brêlage sur la première. Ce sont des poutrelles d'un équarrissage ordinairement moindre que celui des poutrelles fixées aux bateaux, que l'on met sur les madriers et qui correspondent aux poutrelles extrêmes de la travée. Les guindages forment ainsi une ligne continue de chaque côté du pont : ils servent principalement à assujétir les madriers. Deux de ces poutrelles de brêlage consécutives, se croisent sur une longueur de deux pieds environ. On les brêle entr'elles et à la poutrelle inférieure, avec un petit cordage nommé *Commande de guindage*, serré au moyen d'un billot.

Dans les ponts stables, au lieu de commandes de guindages, on se sert de *colliers à la prussienne :* c'est un étrier en fer, ayant d'un côté un crochet, de l'autre une chaîne, dont un des anneaux s'arrête au crochet. On en fait aussi sans chaînes : ils sont à charnière. On brêle fortement avec deux coins que l'on chasse entre le guindage et le dessus du collier.

On met un cordage d'ancre pour retenir chaque bateau, si la rivière est très-rapide : si le courant n'a qu'une médiocre rapidité, on n'en mettra que de deux en deux, de trois en trois, ou de quatre en quatre bateaux. On mouille aussi des ancres en retraite pour assurer le pont contre les vents d'aval. On en jettera ainsi d'autant moins que le courant sera plus rapide; et toujours les cordages d'ancre en retraite seront amarrés à ceux des bateaux qui ont aussi des cordages en amont.

Si la rivière n'est pas large, on peut se passer d'ancres et amarrer tous les bateaux, ainsi qu'il suit : Le cordage du premier bateau est amarré à un piquet planté sur la rive, aussi loin en amont que le permet la longueur de ce cordage. Le cordage du second bateau sera amarré à ce premier cordage, le plus près possible du piquet. On amarrera le cordage du troisième bateau, développé de toute sa longueur, à celui du second bateau, et ainsi de suite. Les cordages ainsi placés sont dits *en Patte-d'Oie*.

Le troisième bateau, et tous les autres, seront pontés comme le second, sans aucun changement.

On aurait pu ponter le second bateau, en suivant la méthode employée pour le bateau de de la culée; c'est-à-dire, qu'après avoir amené le second bateau à côté du premier, on mettrait les poutrelles de suite à leur place sur le premier bateau, et on les jumellerait à celles de la première travée; ensorte qu'elles poseraient sur les deux bateaux, et dépasseraient de beaucoup au-delà du second. Alors, en agissant de même sur les traversières, en soulevant les poutrelles et en faisant effort contre elles, le second bateau prendrait le large.

Cette manière de ponter est celle que l'on doit suivre avec des bateaux d'équipage; mais avec de grands bateaux, elle présente plusieurs inconvéniens. Quelquefois, lorsque les bateaux sont étroits et les poutrelles longues et flexibles, leur extrémité plonge dans l'eau, la force du courant l'entraîne, et dans son mouvement rapide la poutrelle blesse les travailleurs. D'ailleurs, les hommes qui poussent au large sont obligés de de soulever d'abord les poutrelles en les prenant vers le milieu, ce qui devient pénible quand elles sont très-lourdes.

Quelquefois, pour hâter le travail, on commence le pont par ses deux extrémités.

Si les bateaux sont inégaux, on observera de changer de grandeur par gradation, afin qu'il n'y ait pas de ressauts sensibles sur le tablier du pont.

Pour qu'un bateau soit propre à être ponté, il faut que sa construction soit solide, et que les côtés ne soient que peu inclinés sur le fond. Si cette inclinaison est trop grande, on y remédie en plaçant au milieu du bateau un chevalet dont le chapeau s'élève un peu au-dessus du niveau des plat-bords, ensorte que la charge que le bateau supporte se trouve partagée entre son fond et ses côtés. Les pieds du chevalet posent sur deux madriers mis à plat sur les courbes, dans le sens de la longueur du bateau (1).

Si, près d'une des rives, il n'y a pas assez d'eau pour un bateau, on mettra un chevalet

---

(1) Ce chevalet est composé d'un *chapeau* de 17 pieds sur 8 pouces d'équarrissage, de 4 *montans* assemblés dans le chapeau à queue d'hironde et de deux *traverses* qui fixent l'écartement des montans.

pour supporter la première travée. Il arrive souvent qu'on est obligé d'en placer plusieurs de suite. On trouvera à l'article Ponts de *chevalets* les détails de leur construction.

Quand on a des poutrelles courtes et de larges bateaux, on met un chevalet au milieu de chaque bateau. En faisant croiser les poutrelles d'un pied environ sur le chapeau du chevalet, on aura les plus grandes portées que l'on puisse obtenir. Mais quand les bateaux sont solides, il est plus simple d'employer la méthode suivante qui ne demande pas de chevalets. Elle suppose que le nombre des poutrelles est pair à chaque travée.

On fait croiser les poutrelles de la 1re. travée sur le bateau de la culée; les poutrelles de la 2e. travée croisent alternativement sur un des bateaux n°. 1 et n°. 2, et posent sur un des platbords de l'autre. Les 1re., 3e., 5e. poutrelles croisent sur le premier bateau, et posent sur le plat-bord intérieur de l'autre, en le dépassant d'un pied environ. Les 2e., 4e., 6e. poutrelles (on en suppose 6 par travée) posent sur le platbord extérieur du 1er. bateau, et croisent entièrement sur le 2e. Pour la 3e. travée, les 1re., 3e., 5e. poutrelles croisent sur le 2e. bateau, et posent seulement sur un plat-bord du 3e. Les 2e., 4e., 6e. poutrelles posent sur un des plat-bords du 2ᵉ. bateau, et croisent sur le 3ᵉ., et ainsi de suite.

On pratique ordinairement aux ponts une *coupure* fermée par une portière qui s'ouvre pour donner passage aux bateaux et radeaux qui naviguent sur la rivière.

La coupure se fait à l'endroit du plus fort courant; c'est-là qu'il y a toujours assez d'eau pour naviguer. La *portière* est ordinairement formée de 2 bateaux, quelquefois de 3. S'il n'y a que 2 bateaux à la portière, on fait croiser les poutrelles sur ces bateaux, et dépasser les plat-bords d'un pied environ à chaque extrémité. Contre les bouts de ces poutrelles on cloue un madrier. Les poutrelles des travées qui précèdent et suivent immédiatement la coupure doivent de même dépasser les plat-bords des bateaux voisins de la coupure. On cloue un madrier contre le bout de ces poutrelles.

La portière est liée aux deux autres parties du pont par les brêlages qu'on établit entre les deux bateaux qui la forment et les deux bateaux adjacens. La portière se construit à part en dessous du pont.

Quand on veut donner une distance de plus de 2 pieds entre les bateaux, on ne cloue pas de madrier contre les bouts des poutrelles; on peut alors laisser un intervalle de 6 pieds, en mettant des fausses poutrelles pour établir la continuité du pontage ; les fausses poutrelles ont 8 à 9 pieds de longueur et un équarrissage un peu moindre que celui des poutrelles, afin qu'on puisse aisément les faire glisser dans les bateaux voisins de la coupure quand on ouvre la portière.

Pour former continuité de guindages, on met des bouts de poutrelles en dehors des poutrelles de brêlage. On les brêle aux guindages de la portière et à ceux des pontées voisines de la coupure.

La portière est amarrée à deux cordages d'ancres longs et déliés en amont, et à un autre en retraite.

Supposons que la portière soit placée après le 4e. bateau ; les bateaux de la portière auront les nos. 5 et 6, et l'autre voisin de la portière le no. 7.

Les bateaux no. 4 et no. 7 auront des ancres en amont et en retraite. Les ancres auxquelles sont amarrés les cordages du no. 4, doivent être jetés un peu du côté du no. 3, et celles du no. 7 un peu vers le no. 8. Il résulte de cette disposition que les bateaux no. 4 et no. 7 ne peuvent se rapprocher l'un de l'autre quand la portière est hors de la coupure.

On empêche d'ailleurs cet effet d'avoir lieu, en mettant un cinquenelle ou un fort cordage d'ancre, qui va du bateau n°. 4 à un cabestan placé près de la culée. Si les cordages cèdent, on ramène facilement le bateau n°. 4, en donnant un tour de cabestan. On retient de même le bateau n°. 7.

Pour ouvrir la coupure, on débrêle les quatre cordages qui lient la portière aux bateaux n°. 4 et n°. 7. S'il y a de fausses poutrelles, on les fait glisser dans ces bateaux; on se laisse descendre sur les cordages d'ancre de la portière, et si le vent vient d'aval, on fait effort sur le cordage d'ancre en retraite : la portière descend et vient se placer en dessous du pont vis-à-vis la coupure. Pour la mettre derrière les bateaux n°. 3 et n°. 4, on passera le cordage d'ancre du n°. 5 sur le n°. 6, et à l'aide d'une ligne amarrée au n°. 6, sur laquelle on tirera de dessus le n°. 4, on fera aisément passer la portière derrière les bateaux n°. 3 et n°. 4. On aurait pu de même la placer de l'autre côté de la coupure.

On remettra la portière dans la coupure en se servant des mêmes cordages, plus d'un autre amarré à l'arrière du bateau n°. 7, sur lequel on agit de dessus la portière.

Chaque bateau de la portière aura son gouvernail, qui servira à la diriger dans tous ses mouvemens.

On manoeuvrerait de même une portière de 3 bateaux.

S'il faut que la coupure soit trop large pour être fermée par une portière de 3 bateaux, on construira des portières isolées de 2 bateaux, que l'on réunira pour fermer la coupure.

On voit aisément, d'après la liaison établie entre toutes les parties du pont que nous venons de construire, que si un corps flottant vient se jeter sur un des bateaux, et que le pont ne soit pas capable de résister au choc et à l'effort exercé, sa rupture en cet endroit peut entraîner sa destruction presque totale. C'est-là le grand inconvénient de la construction actuelle des ponts. On peut y obvier en partie, en construisant le pont par portières que l'on place l'une à côté de l'autre ; alors, en ouvrant une ou deux portières, on laisse passer le corps flottant qui, sans cela, aurait rompu le pont. Il est vrai qu'en faisant ainsi une coupure on interrompt la communication ; mais, pour peu que les pontonniers soient exercés à cette manoeuvre, le passage ne sera que momentanément arrêté. Un désavantage bien marqué de la construction par portières, c'est qu'elle exige un plus grand nombre de bateaux que la méthode ordinaire, à-peu-près dans le rapport de 3 à 2, si les portières sont de deux bateaux, et de 7 à 5, si elles sont de trois bateaux. Ce dernier inconvénient n'en est un qu'autant que l'on n'a pas assez de bateaux à sa disposition.

Ainsi donc, lorsque la rivière est très-rapide, et que l'on devra craindre les tentatives de l'ennemi pour rompre le pont, on le construira par portières de 2 bateaux, si l'on a un assez grand nombre de bateaux, et par portières de 3 bateaux si les bateaux sont assez légers pour qu'on puisse aisément manœuvrer de telles portières.

Lorsque l'on trouve à portée de l'emplacement du pont un canal ou un endroit quelconque défilé des feux de l'ennemi, on peut en profiter pour y réunir les bateaux et les ponter par portières ou par parties (1), que l'on amènera ensuite et que l'on mettra rapidement en place. Si le pont ne doit pas être formé par portières isolées, chaque partie de 2 ou 3 bateaux portera les matériaux qui devront l'unir à celle qui la suivra immédiatement.

---

(1) L'on entend par *partie*, le système de 2 ou 3 bateaux, sur lesquels on a fixé les poutrelles d'une ou de deux travées.

Quand on manque de bateaux, et que l'on en a qui sont longs et étroits, de 60 pieds sur 10, par exemple, on les sciera en deux et l'on y rapportera des derrières. On en doublera ainsi le nombre.

On construit quelquefois des culées mobiles qui servent avantageusement sur les rivières sujettes aux crues. Car la pente de la première travée étant fixée pour une certaine hauteur d'eau, on est forcé d'élever ou d'abaisser le corps-mort, de l'éloigner ou de le rapprocher du premier bateau, selon que l'eau augmente ou diminue, et que la rivière est plus ou moins encaissée.

Si l'on fait porter les extrémités du corps-mort sur deux forts boulons, qui traversent quatre montans plantés en dehors des poutrelles de brêlage, on pourra faire varier son élévation, en haussant ou en abaissant les boulons qui sont toujours soutenus dans les trous des montans percés à différentes hauteurs. On raccorde le terrain avec cette culée.

On met ordinairement un chevalet pour soutenir les poutrelles de la première travée, quand il y a peu d'eau et qu'un bateau pourrait toucher le fond. Le chapeau du chevalet n'étant pas flottant, et ne pouvant par conséquent pas suivre le niveau des eaux, il serait préférable d'y placer un radeau qui peut, sans un grand inconvénient, toucher le fond de la rivière lors des basses eaux.

Lorsqu'on veut rompre en un instant la communication entre les deux rives et conserver les matériaux du pont, on lui fait faire un quart de conversion. Avant d'exécuter cette manœuvre, on tend sur l'avant et l'arrière des bateaux deux cinquenelles qui lient toutes les parties.

Pour mettre le pont en mouvement, on lève les culées, on démarre l'extrémité des cinquenelles du côté de l'ennemi, on se laisse descendre sur les cordages d'ancre, et l'on soutient l'aile marchante du pont avec un long cordage; il décrit ainsi un quart de conversion.

Cette manœuvre ne réussit bien que sur les rivières qui ont une médiocre largeur. Si elles sont très-larges et rapides, il pourra arriver que l'aile marchante prenne une trop grande vîtesse, dont il peut résulter rupture et la perte d'une partie du pont.

Si la rivière est peu rapide, on pourra remettre le pont en place par un quart de conversion fait en sens contraire.

On peut aussi jeter un pont en lui faisant faire un quart de conversion en descendant: c'est-à-dire, que l'aile marchante, au lieu de remonter, descend suivant le cours de la rivière. Il faut, pour que le pont résiste à cette manœuvre, que toutes les parties soient fortement liées entre elles, et que dans son mouvement l'aile marchante soit bien soutenue par un long cordage que l'on tient de la rive, et par les cordages des ancres que l'on jette de dessus le pont à mesure qu'il fait sa conversion. Dans la campagne d'Autriche de 1809, on a jeté de cette manière, sur un bras du Danube, en présence de l'ennemi, un pont de 85 toises, en 5 minutes. (*Voyez, note C, les détails de construction de ce pont.*)

Pour replier un pont avec ordre, on lève les guindages, en commençant par une des culées, ensuite les madriers. Les hommes qui les enlèvent viennent en file sur le pont par la droite, et s'en retournent par la gauche. On lève les clameaux, et on les réunit en tas, suivant leur espèce; on enlève les poutrelles; on démarre les traversières; on descend les bateaux au dépôt établi près de la rive; on relève les ancres en se remontant sur le cordage avec une forte nacelle.

On peut accélérer le travail, en commençant par le milieu du pont et en réunissant les matériaux près des deux culées.

Voici les soins que l'on doit avoir quand on emmagasine les matériaux du pont:

1°. Elever les madriers en pile. Pour former la base, on place sur terre des chantiers auxquels on fait former un triangle, ou un quarré, ou etc. On pose les madriers sur les chantiers, alternativement sur chaque face. Il y aura ainsi entre deux madriers un espace vide, nécessaire à la circulation de l'air. Les côtés du polygône de la base doivent être égaux et avoir une longueur d'environ 5 pieds moindre que celle des madriers;

2°. Elever les piles de poutrelles en les plaçant par couches horizontales. La première couche pose sur des chantiers. On mettra quelques madriers en travers, entre deux couches successives, pour conserver un vide entre les couches;

3°. Etendre les cordages, les faire bien sécher, les plier et les mettre à l'abri de l'humidité;

4°. Placer les poutrelles et les madriers sous des hangars, autant que possible; les cordages, ancres, clameaux et attirails dans des magasins bien fermés.

Nous allons maintenant supposer que le pont doit être construit avec des bateaux d'équipage, traînés aux armées sur des voitures nommées *Haquets*.

On déchargera les bateaux, en faisant entrer les haquets dans l'eau, si la rive offre une pente douce et une sortie facile (1).

Ordinairement on les décharge à bras sur la rive, près de la culée; et delà, on les porte à l'eau, à l'aide des hommes qui doivent s'embarquer dedans pour aller s'emparer de la rive opposée. Pendant qu'une partie des bateaux sert ainsi à effectuer le passage de vive-force (si l'ennemi est en présence), on commence le pont avec les autres.

Avant de procéder à l'établissement du pont, on distribuera les travailleurs ainsi qu'il suit :

1re. Section.	1 s.-off.	5 ponton.,	chargés de jetter les ancres en amont. On doublera le détachement, s'il faut armer deux nacelles, l'une pour jeter les ancres de retraite.
	ou		
	1 —	11 ———	si la rivière est très-rapide ou très-large.
2e. Section.	1 s.-off.	3 ponton.,	amèneront les bateaux.
	ou		
	1 —	7 ———	si le pont est très-long.
3e. Section.	1 s.-off.	12 ponton.,	chargés du pontage, savoir : 2 hommes aux traversières, 5 poussent au large, 5 aident à placer les poutrelles et les brêlent ; 2 de ces hommes couvriront.

(1) L'équipage de pont est supposé formé ainsi qu'on le propose à l'article *Projet d'équipage de pont de bateaux.*

4e. Section.	1 s.-off.	10	ponton.,	apporteront les poutrelles d'une travée.
5e. Section.	1 —	20	----	apporteront les madriers d'une travée.
6e. Section.	1 —	6	----	chargés de guinder le pont.
	1	»		au dépôt des bateaux.
	1 —	»	----	au dépôt des poutrelles et cordages.
	1 —	»	----	au dépôt des madriers.

En tout 8 s.-off. 66 pontoniers au plus.

Si le pont a une très-grande longueur, il faut augmenter la force des 4e. et 5e. sections. On peut à cet effet se servir d'auxiliaires.

Ainsi, l'on voit qu'une compagnie de pontoniers suffit pour jeter un pont de bateaux d'équipage.

Pour construire le pont, placez le corps-mort; amenez le premier bateau près de la rive, dans la direction du pont; placez les cinq poutrelles de la première travée, en donnant 10 pieds d'écartement entre les deux extrêmes, de milieu à milieu; clamaudez les poutrelles au corps-mort; poussez le bateau au large, jusqu'à ce que les poutrelles ne dépassent que de 9 pouces environ le plat-bord extérieur; placez les poutrelles et le bateau à la hauteur convenable; couvrez la première travée et amenez le second bateau; placez les poutrelles de la deuxième travée; jumelez-les à celles de la première, au moyen des commandes de pontage qui passent dans les crochets fixés à cet effet en dedans des côtés du bateau, et qui embrassent les poutrelles de quatre tours ; poussez le second bateau au large, comme le premier, etc.; suivez du reste tous les détails de construction qui ont été donnés précédemment.

L'emploi des commandes de pontage, au lieu des clameaux, établit une liaison très-intime entre les bateaux et le tablier du pont. Si donc l'on a à craindre qu'il ne soit rompu par quelque machine flottante, on doit se faire une loi de le construire par portières de trois bateaux : ce qui exige $\frac{2}{5}$ de plus de bateaux que la manière ordinaire de ponter.

Souvent, pour consolider le pont, on tend une cinquenelle sur le devant des bateaux : on augmente ainsi la liaison entre tous les bateaux.

PROJET D'ÉQUIPAGE DE PONT DE BATEAUX.

On se propose :

1°. De déterminer la forme et les dimensions à donner au bateau d'équipage ;

2°. De fixer le système de construction et les dimensions du haquet ;

3°. De donner la composition d'un équipage de pont de bateaux.

D'après la manière actuelle de faire la guerre, les équipages de pont doivent être aussi mobiles que les parcs d'artillerie des divisions : autrement, la marche des troupes est interrompue chaque fois qu'on doit effectuer un passage de rivière. Dans un terrain coupé, l'équipage de ponts, en tout ou partie, doit marcher à l'avant-garde. Après avoir établi un pont, on est forcé d'attendre que l'armée ait défilé avant de le relever; l'équipage se trouve donc alors à l'arrière-garde : et pour qu'il puisse rejoindre vîtement l'avant-garde, il faut nécessairement qu'il soit très-mobile.

Les équipages de ponts traînés à la suite des armées, sont composés de bateaux trop lourds et de voitures trop peu roulantes, sur lesquelles on charge toute une travée du pont. Ces masses pesantes marchent mal et ruinent bientôt une grande quantité de chevaux : consommation dispendieuse, qui a le double inconvénient de faire laisser des voitures en arrière, afin de se procurer des chevaux pour recompletter les attelages. Il paraît d'abord avantageux et convenable que chaque haquet transporte son bateau et tout ce qu'il faut pour le ponter; mais on verra qu'il faut renoncer à cet avantage. La première condition à laquelle on doit satisfaire, est que l'équipage puisse suivre facilement les mouvemens rapides d'une armée.

On a cru diminuer la dépense en employant le plus petit nombre possible de chevaux et rendre en même-temps l'équipage moins embarrassant. Mais, que résulte-t-il de cette économie? Que les chevaux sont bientôt ruinés et ne peuvent faire une longue campagne; que l'équipage marche mal, ce qui le rend très-embarrassant; et, ce qui pis est, que la lenteur de sa marche peut faire manquer les opérations de l'armée.

On s'est proposé de donner la formation d'un équipage de ponts de bateaux qui puisse, dans un pays difficile, suivre les mouvemens les plus rapides d'une avant-garde. Il doit par conséquent avoir la mobilité de l'artillerie de campagne.

De la forme du Bateau.

Il doit bien naviguer, afin de traverser vîtement une rivière en dérivant le moins possible. Son principal usage est de servir à la construction des ponts; il faut donc que sa capacité soit telle

telle qu'ils puissent supporter les plus lourds fardeaux que l'on traîne à la suite d'une armée.

Le bateau devant être transporté sur une voiture, son poids sera le plus petit possible ; et il faut avec ce moindre poids lui donner la plus grande capacité.

Il résulte des conditions qu'on vient d'énoncer que l'avant-bec sera aigu, afin d'éprouver la moindre résistance, soit pour déplacer l'eau quand on traverse une rivière, soit de la part de la masse d'eau qui vient le choquer quand il est sous le pont ; mais comme cette forme resserrée d'avant-bec ne donnerait qu'un faible déplacement d'eau, on serait obligé de donner au bateau une trop grande longueur, ce qui en rendrait le transport difficile. Pour concilier ces deux conditions, qui demandent des formes opposées, on élargira un peu le nez de devant, de manière à ce qu'il gagne de la capacité, sans que le bateau perde pourtant sa propriété de bien naviguer. On combinera toujours les conditions, en ayant égard à leur degré d'importance, et l'on devra adopter une forme qui les accorde autant que possible.

Les angles aux flancs offrent le moyen d'obtenir un bateau qui dérive moins en traversant une rivière rapide, sans diminuer sa capacité : au contraire, cette capacité est plus grande que s'ils n'existaient pas [la largeur du bateau restant la même]. Le bateau aura donc des angles aux flancs (1).

L'arrière-bec ne doit pas être semblable à l'avant-bec : ces deux becs jouent des rôles tout-à-fait différens. L'avant-bec fend les eaux, c'est pour cela qu'il est aigu. Si on fait l'arrière-bec aigu on diminue la capacité du bateau sans obtenir aucun avantage.

L'arrière-bec sera donc le plus ouvert possible. Il en résultera une plus grande capacité la longueur restant la même ; d'ailleurs, en élargissant l'arrière-bec, on rejette le centre de gravité du bateau en arrière : chargeant donc le bateau sur son haquet, l'arrière-bec en avant, il n'avancera plus autant sur le timon ; ce qui permet de rac-

---

(1) Je sais très-bien que les angles aux flancs augmentent les difficultés de construction ; mais les équipages de bateaux doivent être faits d'avance dans les arsenaux, et construits avec tous les soins que l'on apporte à la confection des affûts et caissons.

Il est certain que l'on n'aura jamais un bon équipage de bateaux, si l'on ne veut pas se donner la peine de le construire tel qu'il doit être fait. Dans les cas pressés, on se règlera sur le temps dont on pourra disposer, mais parce qu'on ne peut pas toujours faire bien, ce n'est pas une raison pour toujours faire mal.

courcir la distance entre les deux trains de la voiture (1).

La levée du fond à l'avant-bec sera égale à la hauteur du corps du bateau ; ainsi, les plat-bords seront plus élevés de l'épaisseur de la têtière (6 po.) au nèz de devant qu'au milieu du bateau; et c'est toute la hauteur nécessaire pour que les vagues n'entrent pas plutôt par l'avant-bec que par le milieu des côtés.

L'arrière-bec devant jouir de la même propriété à cause des vents d'aval, mais n'étant pas soumis comme l'avant-bec à l'effort du courant, la levée du fond au nez de derrière sera de 2 pouces seulement moindre qu'au nez de devant.

Il serait vicieux d'élever les becs plus qu'on ne vient de l'indiquer ; car, à quoi bon charger le bateau du poids de ces becs qui ne seraient jamais submergés, et qui étant en prise au vent retarderaient la marche du bateau ?

---

(1) Pour le bateau dont on donne les dimensions page 47, le centre de gravité est à 15 pieds 8 pouces du nez de devant. Il avancera donc de 8 pouces de moins sur le timon que si les deux becs étaient égaux : ce qui procure l'*important avantage* de raccourcir de 1 pied 4 pouces la distance entre les deux trains du haquet.

La largeur du bateau sera constante dans toute l'étendue du corps. Nous avons déjà vu que l'arrière doit être le plus ouvert possible, on pourra donc faire la largeur du fond constante depuis la naissance de l'avant-bec jusqu'au nez de derrière.

Dimensions du Bateau.

Les considérations précédentes, jointes à ce que le bateau sera transporté sur une voiture dont l'écartement supérieur des roues de derrière est fixé, ce qui limite la largeur du bateau, déterminent, ainsi qu'il suit, les principales dimensions :

DÉSIGNATION DES PARTIES.				DIMENSIONS. pi.	po.	lig.	OBSERVATIONS.
Bateau.	Longueur.	totale		30	»	»	
		de l'avant-bec.		8	»	»	
		du corps.		16	»	»	
		de l'arrière-bec.		6	»	»	
	Largeur hors d'œuvre.	du corps	supérieure	5	6	»	
			inférieure.	3	8	»	
		au nez.	de devant.	1	6	»	
			de derrière.	3	8	»	
	Hauteur.	au nez de devant.		3	»	»	
		à la naissance de l'avant-bec.		2	7	»	
		du corps.		2	6	»	Non compris l'épaisseur des semelles extérieures.
		à la naissance de l'arrière-bec.		2	7	»	
		au nez de derrière.		2	10	»	
Fonds, 3.	Largeur.	du nez de derrière jusqu'à la naissance de l'avant-bec.		3	5	6	
		au nez de devant.		1	4	3	
	Epaisseur.			»	1	»	

DÉSIGNATION DES PARTIES.			DIMENSIONS. pi.	po.	lig.	OBSERVATIONS.
Bordages 6.	Largeur du supérieur.	au milieu.	1	3	»	
		à l'avant-bec.	»	»	»	
		à l'arrière-bec.	»	»	»	
	Largeur des deux inférieurs ensemble.	au milieu.	1	5	6	
		aux nez.	»	»	»	Les bordages inférieurs se terminent en pointe aux nez des bateaux.
	Epaisseur.		»	1	»	
Levée des becs.	Au nez de devant.		2	6	»	
	Au nez de derrière.		2	4	»	
Poupées 4.	Diamètre, ou équarrissage.		»	4	»	En chêne.
	Elevées au-dessus des plat-bords de.		»	8	»	
	Distance au nez.	de devant.	»	»	»	Les deux poupées de devant servent de montans à la première semelle.
		de derrière.	»	»	»	Les deux poupées de derrière servent de montans à la septième semelle.
Têtières, 2.	Epaisseur extérieure, ou hauteur.		»	6	»	
Plat-bords 2.	Largeur.		»	4	3	
	Epaisseur.		»	1	6	

Ceintures 2.	Largeur.	»	4	»	Chaque ceinture est d'une seule pièce.
	Epaisseur.	»	1	»	
Semelles extérieures, 2.	Longueur.	20	»	»	
	Largeur.	»	11	»	
	Epaisseur.	»	1	»	
Semelles intérieures, 7.	Largeur.	»	6	»	En sapin.
	Epaisseur.	»	2	»	
Courbes, 18, et montans de semelles, 14.	Largeur.	»	3	»	En chêne.
	Epaisseur.	»	2	3	

10 Crochets de brêlage, 10 écroux, 10 rosettes.

2 Bandeaux de nez.

1 Porte-gouvernail et sa clavette.

Cloux.

Chevilles.

Agraffes, tringles de calfâtage, étoupes, goudron.

Bois nécessaire à la construction d'un Bateau.

	Nombre des planches.	Longueur.	Largeur.		Epaisseur.		OBSERVATIONS.
			pi.	po.	po.	li.	
Fond.	3	31	1	3	1	1	Toutes les planches sont en sapin ; elles seront blanchies et tirées d'épaisseur. Le bateau doit être construit avec tout le soin que l'on apporte aux ouvrages de menuiserie. L'expérience a prouvé qu'il suffit que les planches du fond et des côtés aient un pouce d'épaisseur, après avoir été blanchies.
Bordages inférieurs.	4	31	1	»	1	1	
Bordages supérieurs.	2	31	1	4	1	1	
Ceintures.	1	31	»	10	1	1	
Semelles intérieures.	1	26	1	1	2	»	
Semelles extérieures.	2	20	1	»	1	1	
Plat-bords.	1	32	»	10	1	7	

2 Têtières en sapin ; 2 poupées en sapin ; 18 courbes et 12 montans de semelle en chêne, chevilles et tringles de calfatage en sapin. (Ces tringles peuvent être avantageusement remplacées par des joncs.)

Du Haquet.

Il existe deux systèmes de construction du haquet : nous allons les examiner.

Haquet à flèche. Les roues de l'avant-train ne peuvent tourner sous la voiture ; et comme la distance entre les deux trains est très-grande, il en résulte qu'elle ne peut tourner court; qu'il lui faut une grande étendue de terrain pour changer de direction ; que dans les chemins tournans on casse un grand nombre de timons ; et que ce n'est qu'avec beaucoup de travail que l'on est parvenu à traverser des villes ou villages dont les rues sont étroites et où la route change brusquement de direction.

Les essieux de ces haquets sont en bois, les roues pesantes et la voiture très-peu roulante. On chargeait commodément sur le même haquet un bateau, ses poutrelles, madriers, etc.; mais cet avantage n'en est plus un, puisqu'il est bien démontré qu'il faut y renoncer.

En effet, le poids d'un bateau et de ce qu'il faut pour le ponter, sera toujours d'environ quatre milliers ; et une voiture chargée d'un tel poids marche lentement et péniblement dans un pays montueux ou dans des fonds un peu marécageux. C'est bien assez de charger les voitures de deux milliers, si l'on veut que l'équipage ait la mobilité de l'artillerie de campagne, et qu'il puisse la suivre dans tous les cas. On sent bien qu'en mettant deux voitures par bateau, on allonge la colonne en route, et qu'il faut un plus grand nombre de chevaux pour traîner l'équipage. Mais toute autre considération doit céder à la nécessité d'avoir un équipage convenablement mobile.

Haquet à brancards. Les roues de l'avant-train tournent sous les brancards, avantage inappréciable dans les chemins tournans.

Dans le haquet que l'on propose, les essieux sont en fer et les roues celles des caissons. La voiture est donc très-roulante, et n'exige pas un modèle particulier de roues.

Le chargement du bateau sur le haquet, est rendu très-facile par le moyen d'un cylindre placé entre l'arrière des brancards et d'un rouleau mobile. Le bateau est supporté dans toute la longeur du corps sur les brancards.

Que le haquet soit à flèche ou à brancards, il est incontestable que le bateau devra être chargé le fond en dessous, sans être renversé; parce que de cette manière, il avance beaucoup plus sur le timon que si l'on retourne le bateau, ce qui permet de diminuer la distance entre les deux trains de la voiture.

Que l'on se figure bien maintenant un bateau ainsi chargé sur un haquet à flèche, on le voit suspendu sur deux échafaudages élevés, qui n'ont entre eux d'autre liaison que la flèche. Il me semble naturel de désirer que les deux supports éloignés soient réunis par deux pièces de bois sur lesquelles pose le bateau dans sa longueur ; et ce désir devient une loi quand on considère qu'au moyen de ces deux brancards on peut supprimer la flèche, et qu'il en résulte les avantages suivans :

1°. Les roues de l'avant-train tournent sous la voiture.

2°. Le chargement et le déchargement du bateau sont rendus beaucoup plus faciles à l'aide d'un cylindre placé entre l'arrière des brancards et d'un rouleau mobile.

3°. Le bateau est supporté dans sa longeur sur les brancards.

Le haquet à flèche est, il est vrai, plus simple, un peu plus léger que le haquet à brancards; [je ne parle pas de ceux que l'on a construits jusqu'à présent, mais du meilleur haquet à flèche que l'on puisse faire]. Mais on ne peut ajouter plus solide, ni même plus commode à réparer en route : car on casse beaucoup plus de timons et de roues avec le haquet à flèche dans les chemins tournans, que l'on ne cassera de brancards. L'amour seul de la simplicité parle donc en faveur du haquet à flèche : mais il doit être permis de compliquer une machine, afin d'en obtenir, avec la même cause, de plus grands effets, des effets différens et plus avantageux que ceux qui peuvent naître de la machine réduite à sa plus grande simplicité.

On croit donc devoir adopter le haquet à brancards.

Dans le haquet qui transporte le bateau d'avant-garde [artillerie de l'an XI] l'arrière-train est mobile, mais les roues ne passent pas sous les deux flèches, à moins que l'on ne réduise la hauteur des roues de devant à 3 pieds, ce qui ne serait pas une heureuse *amélioration* (1). Comme on a jugé qu'elles doivent avoir au moins 5 pieds 6 pouces et que l'avant-train doit tourner sous les brancards, [sans quoi adoptez le

---

(1) Il serait inconcevable que l'on donnât des roues si basses au haquet à bateau, à la voiture la plus chargée. Les roues les plus basses de l'artillerie de campagne ont 3 pieds 6 pouces, (celles de 4 avaient 3 pieds 2 pouces).

haquet à flèche; mais, quel que soit votre amour pour les flèches, n'en mettez point deux pour une], et qu'alors on ne pouvait plus conserver cette mobilité à l'arrière-train, ce qui d'ailleurs ne permettait pas de placer entre l'arrière des brancards le cylindre destiné à faciliter le chargement du bateau, on a cru devoir sacrifier cet avantage à de plus grands.

Pièces en bois du haquet.

Avant-train. 2 roues de devant de caisson... Timon... Volée de derrière et ses deux palonniers... 2 armons... Sassoire... Corps d'essieu... Sellette.

Corps du haquet. Lisoir... 2 brancards... 2 échantignolles... Entretoise cintrée... 2 supports... Epars... Cylindre d'arrière.

Train de derrière. 2 roues de caissons... Corps d'essieu... 2 montans... Entretoise.

Ferrures.

Devant du haquet.

Happe à crochet. . . . . Happe à crochet fermé et à virole. Chaîne d'attelage, son grand anneau et son crampon. . .	Au bout du timon.

Rivet de têtard de timon... Coiffe d'armons...

Coiffe de sellette... Coiffe de lisoir... pièce d'armons... Boulon de tête d'armons, son écroux, sa rosette... 2 boulons à écroux et rosette de volée de derrière... 2 lamettes de tirans de volée... 2 lamettes de volée... 2 lamettes de palonniers... 2 anneaux d'*id*... Bride d'embrelage et son boulon à écroux... 2 tirans de volée... 2 écroux, 2 rosettes pour *id*... 2 boulons à écroux et rosettes, traversant la selette, les armons et le corps d'essieu... Braban à fourche... Cheville ouvrière et sa clavette... Bande de frottement de sassoire... 2 boulons à écroux et rosettes traversent la sassoire et les armons... 2 tirans de sassoire, 2 écroux, 2 rosettes pour *idem*... Anneau d'embrelage et son piton fixé au lisoir... Chaîne d'embrelage et ses deux crochets... 2 bandes de frottement d'échantignolles... Bande de frottement d'entretoise cintrée... 2 boulons à tête fraisée, à écroux et rosettes, traversent les bandes de frottement d'échantignolles, les échantignolles, le lisoir et les brancards... 3 boulons à tête fraisée, à écroux et rosettes, pour bande de frottement d'entretoise cintrée. 2 de ces boulons traversent l'entretoise, les échantignolles et les brancards... 2 frettes de bouts de brancards... 2 anneaux de brêlage, fixés aux brancards avec des boulons à tête percée à écroux et rosette... 2 étriers de corps d'essieu... 2 brides et 4 écroux pour *id*... 2 heurtequins à patte... 2 rondelles de bouts d'essieu... 2 esses... 2 ranchets... 4 boulons à écroux et rosettes pour *id.*, deux de ces boulons traversent le support et les brancards... Essieu... Ferrures de deux roues.

Derrière du haquet.

2 tirans, qui vont du corps d'essieu au-dessous des brancards... 4 boulons à écroux pour *idem*... 2 anneaux de brêlage, fixés aux brancards par 2 boulons à tête percée, à écroux et rosettes... 2 étriers de corps d'essieu... 2 brides et 4 écroux pour *idem*... 2 brabans de corps d'essieu... 2 heurtequins à patte... 2 rondelles de bout d'essieu... 2 esses... 2 ranchets... 4 boulons à tête fraisée à écroux et rosettes pour *idem*, dont 2 traversent le support, les brancards, l'entretoise, les montans et le corps d'essieu... 2 bandeaux de bouts de brancards... 2 susbandes... 2 boulons à tête percée à écroux... 2 clavettes pour *idem*... 2 chaînettes de clavette... patte de chaîne d'enrayage... 2 boulons à écroux et rosettes pour *idem*... chaîne d'enrayage... crochet pour la supporter... ferrures de 2 roues de caisson... essieu.

DIMENSIONS des pièces en bois du haquet.

DÉSIGNATION DES PARTIES.			DIMENSIONS.			OBSERVATIONS.
AVANT-TRAIN.			pi.	po.	lig.	
Roues, 2.	Hauteur.		3	6	»	Ce sont celles des caissons.
Corps d'essieu.	Longueur.		3	1	3	Il est entaillé de 1 pouce 6 lig. pour le passage des armons.
	Hauteur.		»	7	»	
	Largeur.		»	5	9	
Sellette.	Longueur.		3	5	6	Entaillée de 2 po. 3 lig. pour le passage des armons. Il y a 3 lignes de jeu entre le corps d'essieu et la sellette. Entaillée en dessous à chaque bout pour le passage du moyeu. Hauteur de l'entaille $\frac{3}{6}$ lig.
	Hauteur.	au milieu.	»	9	3	
		aux extrémités.	»	4	6	
	Largeur.		»	5	9	
Armons, 2.	Longueur.	totale.	4	9	»	
		de la tête.	1	6	»	
	Ecartement.	au bout de la tête.	»	4	»	
		à 18 pouc. de ce bout.	»	3	3	Au collet.
		à 4 pi. 4 po. d'*idem*.	2	2	»	En arrière de la sassoire.

Armons, 2.	Largeur.	au bout de la tête.	»	2	9	
		à 18 pouces d'*idem*.	»	5	3	
		à laqueue.	»	4	»	
	Epaisseur.	au bout de la tête.	»	4	»	L'épaisseur est de 4 po. jusqu'en arrière de la sellette.
		à la queue.	»	3	6	
	Distance du bout de la tête d'armons.	à la sellette.	2	9	10	Les armons sont entaillés de 3 lig. pour recevoir la sassoire.
		à la sassoire.	4	1	6	
Sassoire.	Longueur.		4	»	»	Le dessus de la sassoire est droit; mais à chaque extrémité il y a un talus de 18 li. sur 7 po. de long[r].
	Largeur.		»	2	6	
	Hauteur.	au milieu.	»	3	6	
		au-dessus des armons.	»	8	6	
		aux extrémités.	»	4	6	
Volée de derrière.	Distante du bout de la tête d'armons de.		»	10	»	
	Longueur.		4	»	»	
	Largeur.	au milieu.	»	3	»	
		aux bouts.	»	2	6	
	Epaisseur.	au milieu.	»	2	6	
		aux bouts.	»	2	3	
Palonniers.	Longueur.		2	6	»	
	Largeur.	au milieu.	»	2	9	
		aux extrémités.	»	2	»	
	Epaisseur.	au milieu.	»	»	»	
		aux extrémités.	»	»	»	

DÉSIGNATION DES PARTIES.			DIMENSIONS.			OBSERVATIONS.
			pi.	po.	lig.	
Timon.	Longueur.	totale.	11	»	»	
		du têtard.	1	6	»	
CORPS DU HAQUET.						
Lisoir.	Longueur.		3	5	»	Le dessus du lisoir est droit et le dessous cintré.
	Largeur.	au milieu.	»	7	6	
		aux extrémités.	»	5	»	
	Hauteur.	au milieu.	»	6	6	L'épaisseur est de 4 po. aux endroits où il est entaillé pour recevoir les échant.
		aux extrémités.	»	5	»	
Brancards, 2.	Longueur.		18	4	6	La distance entre les trains est de 16 pi.
	Largeur.		»	4	»	
	Hauteur.	au bout de devant.	»	6	»	Sur une longr. de 2[illegible] po. Les bouts de derrière sont arrondis dans le sens vertical.
		au milieu.	»	5	»	
		au bout de derrière.	»	6	»	
	Distance de la tête au lisoir.		»	5	6	Les brancards sont entaillés de 2 po. 3 lig. pour recevoir les supports, de 3 lig. pour l'entretoise de derre., et de 3 po. pour les tourrillons du cylindre.
	Écartement, de dehors en dehors.		2	8	»	

		pi.	po.	lig.	
Échantignolles, 2.	Longueur.	2	5	»	Les échantignolles affleurent le devant des brancards ; elles sont entaillées de 4 po. pour recevoir le lisoir ; de 2 pouces 6 lignes pour l'entretoise cintrée ; elles ont aussi une entaille pour placer les écroux des 2 boulons de ranchets qui fixent le support aux brancards.
	Hauteur.	»	5	6	
Entretoise cintrée.	De son milieu au centre du lisoir.	1	2	6	Le dessous de l'entretoise affleure le dessous des échantignolles.
	Rayon de l'arc.	4	8	»	
	Largeur.	»	4	»	
	Epaisseur.	»	2	6	
Supports, 2.	Longueur.	4	»	»	Le support de devant est à 15 po. de la tête des brancards ; celui de derrière est à 2 pi. 8 po. du derrière des brancards. Les supports sont entaillés d'un pouce pour le logement des brancards.
	Largeur.	»	4	3	
	Epaisseur.	»	3	3	
Epars.	Longueur.	2	»	»	Le dessus de l'épars affleure le dessus des brancards ; se loge à queue d'hironde dans deux taquets fixés en dedans des brancards.
	Largeur.	»	3	»	
	Epaisseur.	»	2	3	

DÉSIGNATION DES PARTIES.			DIMENSIONS. pi.	po.	lig.	OBSERVATIONS.
Cylindre d'arrière.	Longueur.	totale.	2	8	»	
		de l'arbre.	1	11	9	
	Diamètre.	de l'arbre.	»	4	«	
		des tourrillons.	»	3	6	
	De son axe au derrière des brancards.		»	5	«	
TRAIN DE DERRIÈRE.						
Corps d'essieu.	Longueur.	en dessous.	3	3	»	
		en dessus.	»	»	»	
	Largeur.		»	5	9	
	Hauteur.		»	6	»	
Montans, 2.	Hauteur.		»	6	»	Non compris les tenons.
	Largeur.		»	4	»	
	Epaisseur.		»	»	»	Affleurent le corps d'essieu et l'entretoise.
Entretoise.	Longueur.		3	2	»	
	Largeur.		»	5	»	
	Hauteur.		»	3	3	
Roues.	Hauteur.		4	10	»	Ce sont celles des caissons.

DIMENSIONS DES ROUES				DE DERRIÈRE, po.	lig.	DE L'AV.-TRAIN. po.	lig.
Moyeu	Longueur.	totale.		15	»	15	»
		du bouge.		6	6	6	»
	Diamètre.	Au bouge.	au milieu.	11	6	10	6
			aux extrémités.	11	2	10	2
		au gros bout.		8	3	8	3
		au petit bout.		6	3	6	3
		à l'écoltage, à 1 po. du côté du	gros bout.	9	»	8	9
			petit bout.	7	6	7	3
	Mortaises sur le moyeu.	longueur.		2	6	2	3
		largeur.		»	11	»	10
	Le devant des mortaises du moyeu est au milieu de sa longueur totale... Le milieu du bouge est au milieu de la longueur de la mortaise des rais.						
Rais.	Patte.	longueur.		3	6	3	»
		largeur.		2	7	2	4
		épaisseur.	à l'épaulement.	1	1	1	»
			au bout.	1	2 $\frac{1}{2}$	1	1 $\frac{1}{2}$

Dimensions des Roues			de derrière.		de l'av.-train.	
			po.	lig.	po.	lig.
Rais.	Corps du rai. Epaisseur.	à l'épaulement de la patte.	2	2	1	11
		au milieu.	1	7	1	4
		à l'épaulemt. de la broche.	2	»	1	10
		Largeur au milieu.	2	2	2	1
	Broche.	Largeur du côté du petit bout du moyeu.	1	7	1	6
	Broche. Epaisseur.	au bout.	»	10	»	9
		à l'épaulement.	1	1	1	»
	Les pattes des rais sont de 2 lig. moins larges au bout qu'à l'épaulement. Cette diminution est prise sur le derrière de la patte.					
Jantes.	Nombre des Jantes.		6		5	
	Hauteur.		3	9	3	6
	Epaisseur.	en dedans.	2	8	2	8
		à la bande.	2	6	2	6
		de la partie de la jante qui surmonte la mortaise de la broche.	»	9	»	9
	Largeur des chanfreins arrondis.		»	11	»	10
Ecuanteur.			3	6	3	6
Voie de la voiture.			56	6	56	6

Le bateau et le haquet dont on vient de donner les dimensions, ont été construits pour essai à Dantzick en 1813. La commission d'officiers chargée par M. le général Lepin, de proposer les changemens à faire à l'équipage de Dantzick, construit en 1812, termine son rapport par l'examen du projet d'équipage que j'avais présenté. En voici un extrait qui renferme tout ce qui est relatif à ce projet :

« Les soussignés ont aussi examiné le bateau » et le haquet qui ont éte construits à Dantzick » en 1813, sur les plans et par les soins de » M. le capitaine Drieu.

» Le bateau est bon, navigue bien, est solide » et léger ; mais ne paraît pas devoir être pré- » féré à celui de la construction de 1812, qui » a l'expérience pour lui.

» Le haquet est à brancards et les roues » tournent dessous. Cette construction présente » des avantages qui peut-être, sont balancés par » moins de simplicité et plus de difficultés pour » les réparations que dans la construction or- » dinaire.

» Les opinions que les soussignés ont émises » relativement aux essieux en fer et aux roues » de caissons, ainsi qu'aux deux voitures, l'une » pour le bateau, l'autre pour les poutrelles et » madriers, sont entièrement conformes à celles » de M. le capitaine Drieu. »

Composition d'un équipage de 100 Bateaux.

VOITURES:	Longueur.		Largeur ou Diamètre.		Quantités nécessaires.	Poids d'une pièce.	Poids total.	OBSERVATIONS.
Haquets.	» pi.	» p.	» po.		210	» l.	» l.	
Charriots à munitions.	»	»	»	»	16	»	»	
Caissons du parc, ou voitures couvertes plus légères.	»	»	»	»	2	»	»	
Voitures agricoles.	»	»	»	»	4	»	»	
Forges de campagne.	»	»	»	»	6	»	»	
EFFETS A CHARGER SUR LES VOITURES.								
Bateaux.	»	»	»	»	100	»	»	On pense que le bateau pèse environ 1500 livres.
Nacelles.	»	»	»	»	6	»	»	
Poutrelles.	25	»	5	»	720	169(*)	121680	
Madriers.	13	»	12	»	2000	64(*)	128000	1 po. 6 lig. d'épaisseur.
Ancres.	»	»	»	»	100	120	12000	L'ancre pèse 90 livres et
Cordages d'ancre.	50 toises.		1	»	110	105	11550	le jas 30 livres.

Rames.	11 pi.	8 p.	5	6	500	13	6500	5 po. 6 lig. est la largeur de la palette.
Gaffes à deux pointes.	»	»	»	»	150	»	»	
— à pointe droite et à crochet.	»	»	»	»	50	»	»	
Grandes écopes.	»	»	»	»	50	5	250	
Petites écopes.	»	»	»	»	50	2	100	
Cordages (1).								
Cinquenelles.	50 toises.		1	6	»	»	»	On peut s'en passer.
Grandes mailles.	80	»	»	8	15	85	1275	
Petites mailles.	80	»	»	6	25	52	1300	
Bretelles avec leurs cordons.	»	»	»	»	100	»	»	
Traversières.	24 pi.	»	»	6	400	4	1600	
Commandes de pontage.	17	»	»	4	2000	9 onces	1125	
Commandes de guindage.	9	»	»	8	800	10	550	
Brêlage de bateau sur haquet.	»	»	»	8	»	»	»	
Brêlage des poutrelles et madriers sur haquet.	»	»		8	»	»	»	
Engins et autres objets.								
Clameaux.	»	»	»	»	300	1	300	Pour les culées seulement.

(*) Cette estimation du poids des poutrelles et madriers est faite dans la supposition que le poids du pied cube de sapin est de 39 livres. Le sapin du nord a cette pesanteur spécifique, et celle du pin est de 42 livres. Si l'on veut supposer que le sapin pèse 36 liv. (*minimum* de son poids) alors chaque poutrelle pèsera 156 liv. et chaque madrier environ 89 liv.

(1) Voyez, note *D*, les soins que l'on doit observer pour fabriquer de bons cordages.

	Longueur.		Largeur ou Diamètre.		Quantités nécessaires.	Poids d'une pièce.	Poids total.	OBSERVATIONS.
Grapins.	» pi.	» p.	» p.	» l.	8	25 l.	200	A repêcher les cordages.
Cabestans.	»	»	»	»	4	376	1504	
Rouleaux.	5	»	4	»	100	»	»	
Piquets frettés.	»	»	»	»	20	10	200	
Pompes.	»	»	»	»	8	20	160	
Chevrettes.	»	»	»	»	8	24	192	
Masses en bois.	»	»	»	»	12	12	144	
Outils à Pionniers.								
Pelles, dont 50 rondes.	»	»	»	»	100	4	400	
Pic-hoyaux.	»	»	»	»	60	6	360	
Haches.	»	»	»	»	60	5	300	
Serpes.	»	»	»	»	40	2	80	
Menus achats.								
Agraffes. (Livres d').	»	»	»	»	»	»	200	Fil de fer d'une ligne de diamètre.
Gaudron. (Livres).	»	»	»	»	»	»	1000	
Etoupes. (Livres).	»	»	»	»	»	»	300	
Poix liquide. (Livres).	»	»	»	»	»	»	400	

Chaudières de fer coulé, pour faire fondre le gaudron.	»	»	»	»	2	»	»
Brosses à gaudronner.	»	»	»	»	16	»	»
Maillets de calfâts.	»	»	»	»	20	»	»
Ciseaux de calfâts.	»	»	»	»	20	»	»
Flambeaux.	»	»	»	»	100	»	»
Tourteaux.	»	»	»	»	200	»	»
Réchauds de rempart.	»	»	»	»	12	7	84
Lanternes.	»	»	»	»	8	»	»
Chandelles. (livres de)	»	»	»	»	»	»	50
Graisse.	»	»	»	»	»	»	»
Briquets, amadou, crayons, pierre n[re].	»	»	»	»	»	»	»
Charbon.	»	»	»	»	»	»	»
Rechanges.							
Grandes roues de haquet et de etc.	»	»	»	»	24	193	4632
Petites roues d'*idem*.	»	»	»	»	24	145	3480
Grandes roues de charriot agricole.	»	»	»	»	1	»	«
Petites roues pour *idem*.	»	»	»	»	1	»	«
Essieux de derrière de haquet.	»	»	»	»	10	»	«
Essieux de devant pour *idem*, et etc.	»	»	»	»	12	115	1380
Essieux en bois de voitures agricoles.	»	»	»	»	1	»	«

Suivant l'état des voitures, on portera des jantes, rais, timons, brancards, etc., et des ferrures.

RÉPARTITION DU CHARGEMENT DES VOITURES.

	210 haquets.	porteront 100 bateaux, 6 nacelles, 720 poutrelles, 2000 madriers, 100 ancres, 100 cordages d'ancre, 500 rames, 200 gaffes, 100 écopes : 10 de ces haquets seront chargés d'un millier seulement.
	6 charriots à munitions.	porteront 10 cordages d'ancre et les autres cordages. Ils seront couverts de prétats.
	2 *idem*.	pour les engins.
	1 *idem*.	portera les 260 outils à pionnier.
	7 *idem*.	chargés des essieux et des roues de rechange.
	2 caissons du parc.	pour les menus achats.
	4 voitures agricoles.	chargées de charbon.
	6 forges.	
TOTAL.	238 voitures.	Chaque voiture attelée de 6 chevaux; ce qui demande
	1428 chevaux de trait.	

Les haquets seront ainsi chargés d'environ deux milliers, et les autres voitures de 1500 livres.

Outre les voitures de l'équipage, chaque compagnie de pontoniers attachée au parc aura son caisson d'outils, dont le chargement consistera principalement en pelles, pioches, passe-partout, tarrières et amorçoirs, ciseaux, bésaigües, marteaux, vrilles, tiers-point, broches de 7 à 12 pouces ; enfin, de tous les outils nécessaires à la construction des radeaux, des chevalets, à la réparation des ponts sur pilotis, et aux réparations journalières des objets qui composent l'équipage.

OBSERVATIONS sur la composition de l'équipage.

Nacelles. Il faut nécessairement des nacelles pour jeter les ancres en amont, si la rivière est très-rapide. Elles doivent être peu élevées, afin de passer sous le tablier du pont. Les deux becs seront égaux et pointus. On peut leur donner ces dimensions principales :

		p.	po.
Longueur.	totale	24	»
	du corps . . .	12	»
Largeur.	aux nez. . . .	1	»
	supé^re. au milieu.	4	6
	inférieure *id.* .	3	»
Hauteur.	des nez. . . .	1	10
	du corps au milieu	1	8

Elles auront des angles aux flancs.

Poutrelles. Elles ont 25 pieds de longueur. En pontant, elles dépasseront de 9 pouces les plat-bords des bateaux, et il restera 18 pieds pour la longueur d'une travée.

La largeur des poutrelles devrait être moindre que leur épaisseur ou hauteur; mais, en diminuant leur largeur, on augmente la portée des madriers [la voie du pont restant la même], ce qui les rend susceptibles de se rompre sous l'effort des roues. Cet inconvénient est bien moindre que celui qui proviendrait de la mal-adresse des hommes employés au pontage, qui mettraient indifféremment les poutrelles sur un sens ou sur l'autre. Il est d'ailleurs bon de pouvoir placer la poutrelle sur tous les sens, afin de la redresser lorsqu'elle est gauchie ou courbée. On leur a donné 5 pouces d'équarrissage; on en met 5 par travée [sans compter les guindages] et ce nombre suffit, en ne donnant que 10 pieds de voie : l'expérience l'a prouvé.

Madriers. Quoique la voie du pont ne soit que de 10 pieds, la longueur des madriers est de 13 pieds. Les bouts extérieurs aux guindages servent au passage des hommes à pied, lorsqu'il arrive quelqu'embarras sur le pont; ils empêchent la chute des voitures dont une roue a passé en dehors des poutrelles de brêlage.

L'épaisseur des madriers de 18 lignes est suffisante, parce que les ponts construits avec les bateaux d'équipage ne restent pas long-temps tendus.

Cordages d'ancres. On leur a donné 50 toises: c'est la bonne longueur pour une profondeur de 30 à 40 pieds.

Rouleaux. On en met un dans chaque bateau. Il se place entre les brancards et le fond du bateau, pour faciliter son chargement et son déchargement.

On n'a pas fait entrer les objets suivans dans la composition de l'équipage.

Mâts. On se procurera toujours aisément des perches lorsqu'on voudra faire naviguer des trains de bateaux.

Gouvernails. Le bateau étant très-sensible au gouvernail, une rame en servira : c'est pourquoi l'on a mis 5 rames par bateau.

Grapins. On n'en prend que pour repêcher les ancres. L'avantage de l'ancre sur le grapin étant reconnu pour le mouillage, on ne fera plus usage de grapin.

Balais. Seaux.

Combleaux. Il n'en faut point quand on n'attèle qu'à 6 chevaux.

Vindax. Pour l'usage qu'on en fait, un cabestan suffit.

Moutons à bras.

Crics. De grand leviers avec pointail et la manœuvre à bras produisent plus promptement l'effet du cric. Si on croit devoir en porter, on en placera quelques-uns sous les voitures.

Chèvres brisées. Les manœuvres en usage dans les ponts n'en exigent pas.

Sondes.

Mèches à canon.

EQUIPAGE

Equipage modèle Autrichien.

Malgré tous les avantages de l'équipage que l'on vient de décrire, on est forcé de convenir qu'il faut regretter de ne pouvoir charger sur un seul haquet, outre le bateau, ses poutrelles, madriers et agrès.

Proposons-nous maintenant de construire un équipage en prenant pour conditions principales qu'un haquet transporte un bateau et tout ce qu'il faut pour le ponter, et que la forme du bateau est la plus simple, afin qu'il soit aisément et promptement construit par des ouvriers peu habiles. Ces conditions nous conduisent à l'équipage du modèle autrichien. Elles ne permettent pas de former un équipage parfait; mais, en les suivant, nous essayerons de faire le moins mal possible.

Dimensions principales du Bateau.
[Modèle Autrichien].

			pi.	po.
Longueur.	totale.		27	»
	de chaque bec.		6	»
Largeur.	au milieu.	supérieure.	6	»
		inférieure.	5	2
	aux nez.		2	6
Hauteur.	au milieu.		2	8
	aux nez.		3	»

Pièces en bois et en fer qui composent le Bateau.

Cinq planches formant le fond... 4 bordages... 2 plat-bords... 2 ceintures... 22 courbes... 2 têtières... 2 litteaux, auxquels sont fixés les crochets de brêlage... 2 semelles extérieures.

Deux bandeaux de nez... 2 anneaux fixés aux têtières... 10 crochets de brêlage, 10 écroux, 10 rosettes.

Les planches qui forment les côtés et le fond auront un pouce d'épaisseur, après avoir été blanchies.

Ce bateau pèsera environ 1200 livres.

Haquet.

Il sera à flèche et semblable au haquet autrichien; mais, quand on le pourra, on y mettra des essieux en fer.

Les roues doivent avoir la plus grande hauteur possible; mais comme elles passent sous les supports de bateau, et qu'il ne doit être élevé au plus que de 4 pieds 8 pouces, elles ne peuvent avoir que 4 pieds 2 pouces de hauteur. Celles de devant auront 3 pieds 6 pouces.

Le haquet pourra donc recevoir les roues de

caissons pour l'avant-train, et celles de 4 pour le train de derrière.

Si les essieux sont en bois, on sera obligé de construire des roues d'un modèle particulier, et alors il sera convenable de leur donner la force des roues de caissons.

NOMS des pièces du Haquet.

Pièces en bois.

Avant-train. 2 roues... Essieu... 2 armons... Sellette... Sassoire... Timon... Volée... 2 Palonniers.

Corps du haquet. Lisoir... 2 montans de lisoir et de support... Support... Support de poutrelles, fixé sur la flèche... Flèche.

Arrière-train. 2 roues... Essieu... 2 empanons... Selette... 2 montans de sellette et de support... Support... Support de poutrelles, fixé sur la tête des empanons.

Ferrures.

Avant-train. Ferrures de deux roues... 2 équignons... 2 happes à virole de bouts d'essieu... 2 heurtequins... 2 étriers embrassant l'essieu et la sellette... Braban d'essieu... 2 boulons à écroux traversant la sellette, les armons, l'essieu et les équignons... Coiffe de sellette... 2 boulons à écroux d'*idem*.... Plaque de frottement de sassoire... 2 boulons à écroux et à rosette d'*idem*, traversant la sassoire et les armons... Coiffe d'armons... Pièce d'armons... Boulon de tête d'armons, son écrou, sa rosette... Cheville à la romaine et sa chaînette... Clavette d'*idem* et sa chaînette... 2 rosettes ovales... 2 boulons à écroux et rosette de volée de derrière... 2 tirans de volée, 2 écroux, 2 rosettes... 2 lamettes de tirans de volée... 2 lamettes de volées... 2 lamettes de palonniers... 2 anneaux d'*idem*... 2 rondelles de bout d'essieu... 2 esses... Happe à crochet, pour le dessus du bout du timon... Happe à crochet fermé et à virole, pour le dessous d'*idem*... Chaîne d'attelage, son grand anneau, son crampon... Rivet de têtard de timon.

Corps du haquet. 2 coiffes de lisoir... 2 boulons à écroux d'*idem*... 4 bandes de renfort de montans... 6 boulons à écroux d'*idem* : deux de ces boulons fixent au support les arc-boutans de support et de support de poutrelles... 2 équerres doubles de montans... 2 boulons à écroux d'*idem*. Ils traversent la bande de frottement de support, le support et la branche supérieure de l'équerre... 2 frettes de bouts de lisoir... 2 bandes de frottement de support... 2 boulons à écroux et rosette, pour les fixer au support... 2 frettes de bouts de support... Cheville ouvrière traversant le lisoir, la sellette et l'essieu... 2 plaques de devant de flèche... Frette de tête de flèche embrassant les 2 plaques... Etrier de support de poutrelles... 3 boulons à écroux d'*idem*. Celui du milieu traverse le support et la flèche; tous les trois traversent la plaque inférieure de devant de flèche... 2 arc-boutans de support et de support de poutrelles, fixés aux extrémités de ce dernier par une douille... Une plaque à double patte pour l'enrayure, fixée à la flèche... Un étrier ou frette d'empanon... Son crampon... Une virole, pour le bout de la flèche.

Arrière-train. Etrier de support de poutrelles... 4 boulons à écroux d'*idem*... 2 arc-boutans de support et de support de poutrelles... 2 esses de flèches et deux chaînettes fixées à la sellette... 4 plaques faisant l'office de rondelles de flèche; dont 2 fixées à l'essieu et 2 à la sellette... 2 équignons... 2 happes à virole de bout d'essieu... 2 heurtequins... 2 étriers d'essieu, embrassant l'essieu et la sellette... 2 boulons à écroux, traversant la sellette, les empanons, l'essieu et les équignons... 4 bandes de renfort de montans... 6 boulons à écroux d'*idem*... 2 équerres doubles de montans... 2 boulons à écroux d'*idem*...

2 bandes de frottement de support... 2 boulons à écroux et rosettes d'*idem*... 2 frettes de bout de support... 2 rondelles de bout d'essieu... 2 esses... Ferrures de deux roues.

Le bateau se charge renversé sur le haquet. Les poutrelles [qui auront 26 pieds de longueur] se placent entre les montans, et sont soutenues par les supports de poutrelles. Les madriers sont mis sur les poutrelles, ainsi que les rames, gaffes et écopes : le tout est brêlé à la flèche. L'ancre est amarrée au support de derrière, et soutenue par la partie des poutrelles qui dépasse ce support. Le cordage d'ancre se place en avant du premier support, auquel il est amarré.

Résumons ce que nous avons dit sur la formation d'un équipage de ponts de bateaux.

Si l'on veut qu'il ait la mobilité de l'artillerie de campagne, afin de pouvoir suivre les mouvemens les plus rapides des divisions d'une armée, cette condition, jointe à celles données par les différens usages que l'on fera du bateau, détermineront toujours un équipage semblable à celui dont nous avons d'abord donné le projet.

Si l'on ne tient pas à avoir un équipage aussi célère ; si l'on ne peut se procurer le nombre de chevaux nécessaire pour traîner un pareil équipage ; ou si le temps dont on peut disposer et le peu d'habilité des ouvriers exigent que la forme du bateau et celle du haquet soient les plus simples, alors ces conditions conduisent à l'équipage modèle autrichien.

Concluons donc, que le premier équipage est celui qu'il convient d'adopter et de construire dans les arsenaux, et que le second sera avantageusement construit en campagne, comme équipage de circonstance.

ÉQUIPAGE D'AGRÈS.

L'équipage dont ont vient de donner la composition, est destiné à établir des ponts que l'on repliera après le passage de l'armée, afin d'avoir toujours les moyens de traverser les rivières que l'on rencontre : cet équipage doit donc conserver ses agrès. On rassemble souvent sur les rivières les bateaux du pays, et autres matériaux propres à former des ponts de bateaux, de radeaux, de chevalets, etc., qui doivent rester tendus à demeure. On se procure assez facilement les bateaux et les bois nécessaires à l'établissement du pont, mais on trouve rarement les agrès.

On a donc cru qu'il serait bon de mettre à la suite de l'équipage de ponts de bateaux un équipage d'agrès, qui sera composé de ce qu'il faut pour aider,

1°. A l'établissement des ponts avec les bateaux du pays ;

2°. A celui des ponts de radeaux et de chevalets ;

3°. A la réparation des ponts sur pilotis ;

4°. Et qui fournira les matières combustibles propres à brûler les ponts.

COMPOSITION d'un équipage d'agrès pour 50 Bateaux.

	Quantités nécessaires.	Poids d'une pièce.	Poids total.
		Livres.	Livres.
Voitures.			
Haquets (dont un de rechange) .	5		
Chariots à munitions. . .	20		
Grands caissons du parc. .	5		
Voitures agricoles. . .	6		
Forges.	6		
Total des voitures attelées à six chevaux.	42		
Objets à charger sur les voitures.			
Nacelles.	4		
Ancres.	50	120	6000
Cordages d'ancre de 50 toises.	55	105	5773
Rames.	150	13	1950
Gaffes.	100	»	0
Ecopes.	100	5	50
Cordages.			
Cinquenelles de 50 toises et de 2 pouces de diamètre. .	4	437	1748
Grandes mailles. . . .	25	85	2125
Petites mailles. . . .	25	52	1300
Cordage pour traversières, etc. (toises de). . . .	1000	»	460
Bretelles avec leurs cordons. .	250	»	»
Engins et autres objets.			
Sonnette équipée (mouton de 600).	1	»	»

	Quantités nécessaires.	Poids d'une pièce.	Poids total.
		Livres.	Livres.
Cabestans.	4	376	1504
Grapins à repêcher les cordages.	4	25	100
Vindax.	2	320	640
Pompes.	6	20	120
Masses en fer. . . .	10	12	120
Masses en bois. . . .	8	12	96
Piquets armés et frettés. .	20	10	200
Moutons à bras. . . .	2	130	260
Crics.	8	50	400
Chevrettes.	4	24	96
Clameaux (les ⅔ à une face). .	1000	1 ½	1500
Broches de 7 à 12 pouces. .	2000	»	»
Outils à pionniers.			
Pelles.	150	4	600
Pioches.	80	6	480
Haches.	150	5	750
Serpes.	60	2	120
Outils de Charpentier.			
Bec-d'ânes de 6 à 8 lignes. .	18	»	»
Bésaigües.	4	»	»
Maillets.	6	»	»
Coignées.	12	»	»
Haches à main. . . .	6	»	»
Passe-partout. . . .	20	»	»
Scies de long. . . .	10	»	»
Scies à main. . . .	12	»	»
Tiers-points.	15	»	»
Ciseaux de 24 lignes. . .	18	»	»
Amorçoirs.	12	»	»
Tarrières de 6 à 18 lignes. .	60	»	»
Vrilles.	50	»	»

	Quantités nécessaires.	Poids d'une pièce.	Poids total.
		Livres.	Livres.
Essettes.	8	»	»
Planes.	10	»	»
Marteaux fendus.	10	»	»
Pointes à tracer.	8	»	»
Compas, grands et petits.	8	»	»
Pied-de-roi.	4	»	»
Lignes à charpentier.	10	»	»
Menus achats.			
Flambeaux.	150	»	»
Tourteaux gaudronnés.	600	»	»
Tonnes de mèche à canon.	4	300	1206
Réchauds de rempart.	10	7	70
Chaudières de fer coulé, pour faire fondre le gaudron.	4	»	»
Trépieds.	4	»	»
Brosses à gaudronner.	20	»	»
Poix liquide.	»	»	400
Gaudron.	»	»	1000
Etoupes.	»	»	300
Maillets de calfats.	20	»	»
Ciseaux de calfats.	20	»	»
Lanternes.	12	»	»
Chandelles.	»	»	100
Briquets.	12	»	»
Amadou.	»	»	4
Crayons (paquets).	12	»	»
Pierre noire ou rouge.	»	»	12
Sacs à terre.	»	»	»
Charbon (la charge de 6 voitures).	»	»	»
Rechanges.			
Grandes roues de haquet, etc.	3	193	579

	Quantités nécessaires.	Poids d'une pièce.	Poids total.
		Livres.	Livres.
Petites roues pour *idem*.	3	145	435
Grandes roues de voitures agricoles.	2	»	»
Petites roues d'*idem*.	1	»	»
Essieu de derrière de haquet.	1	»	»
Essieux de devant d'*idem*, etc.	2	115	230
Essieu de voiture agricole.	1	»	»

Répartition du chargement des Voitures.

4 charriots à munitions.	porteront les ancres.
4 *idem*.	pour les cordages d'ancre, les 100 toises de cordage pour traversière. Ils seront couverts de prélats.
4 *idem*.	pour les autres cordages, couverts de prélats.
5 *idem*.	porteront les engins et autres objets.
2 *idem*.	pour les outils à pionniers. (On peut ajouter 500 liv. à la charge de chacune de ces voitures.)
1 *idem*.	chargé des roues et essieux de rechange.
4 caissons du parc. . .	pour menus achats.
1 *idem*.	contenant les outils de charpentier. On complète son chargement avec du fer en barre.
6 voitures agricoles. . .	chargées de charbon.

Chaque voiture portera ainsi 1500 livres environ. On n'a pas compris les voitures nécessaires au transport du fer en barre, des jantes, rais, timons, etc., que l'on jugera devoir prendre.

En outre, chaque compagnie de pontoniers attachée à l'équipage d'agrès, aura son caisson d'outils, dont le chargement sera composé comme il a été dit pour l'équipage de ponts de bateaux.

PONTS VOLANS.

On appele *Pont volant*, une portière que l'on fait passer d'une rive à l'autre, au moyen d'un long cordage qui l'empêche de descendre suivant le cours de la rivière.

Quand la portière traverse la rivière à l'aide d'un cordage mis en travers, perpendiculairement à la direction du courant, le pont prend le nom particulier de *Traille*.

L'usage des ponts volans est très-fréquent. On s'en sert souvent à l'armée, où ils ont l'avantage de n'exiger que peu de matériaux pour leur construction. Leur mobilité permet difficilement à l'ennemi d'interrompre les communications qu'ils établissent. A la vérité, ils ne donnent point un passage continu : aussi ne les emploie-t-on que faute de mieux.

On ne peut faire usage des ponts volans que sur les rivières dont le courant est rapide ; parce que ce n'est que par l'emploi de la force de ce courant qu'on fait passer le pont d'une rive à la rive opposée.

Le courant agit sur la surface d'un bateau abandonné au gré des eaux, par la raison qu'elle lui oppose de la résistance. La force du courant agissant sur une surface inclinée se décompose; et la composante dans le sens perpendiculaire à la direction du courant exprime l'effort exercé pour passer suivant cette direction.

On voit donc que par l'effet seul du cours d'une rivière, on peut la traverser, en maintenant le bateau dans une direction favorable à ce passage.

C'est sur ce principe qu'est fondé l'usage des ponts volans. On peut conclure de suite que les bateaux des ponts volans doivent présenter une surface plane, autant que possible, à l'effort de l'eau contre leurs côtés; afin que dans toute la longueur ils puissent être frappés sous l'angle le plus favorable au passage (1). L'action de la force impulsive de l'eau sera d'autant plus grande que la surface contre laquelle elle agit a une plus grande étendue : donc le pont passera d'autant mieux que les bateaux seront plus longs et prendront plus d'eau.

Les pièces principales d'un pont volant sont :

(1) Les 2 composantes agissantes de la force du courant sont : la force qui fait passer et celle qui tend le cordage. La 1re. est un *maximum* quand l'inclinaison est de 45°.

les deux bateaux (1), les poutrelles et madriers qui forment le tablier, la potence, le treuil ou cabestan, sur lequel se roule l'extrémité du cable au moyen duquel on fait osciller le pont d'une rive à l'autre, enfin, les nacelles qui supportent le cable.

D'après ce qu'on a dit, les bateaux seront longs et étroits. Le fond ne sera que très-peu relevé à à chaque extrémité pour former la levée des becs. Ils auront une grande capacité, fournie par la longueur et la profondeur. Ces bateaux ne sont propres qu'à l'usage auquel on les destine ; ils ne seraient pas commodes pour la navigation.

Le tablier du pont chargera également l'avant et l'arrière des bateaux, qui doivent s'enfoncer horisontalement sous son poids ; entre les becs des deux bateaux sont deux parties du tablier, que l'on nomme *avant-pont* et *arrière-pont*. L'arrière-pont supporte le treuil sur lequel se roule le cable.

La *Potence* est une des pièces les plus remarquables. C'est le système de deux montans liés par deux traverses, entre lesquelles se meut une pièce nommée *Chat*, percée d'un trou pour

(1) Les ponts volans sont ordinairement construits sur 1 ou 2 bateaux.

le

le passage du cable. Ces montans s'élèvent sur les milieux des bateaux.

La potence est destinée à élever le cable, afin qu'il ne traîne pas à l'eau et à donner en même temps plus de liberté sur le pont. Le cable s'appuie sur la potence; il est fixé sur l'arrière-pont au cabestan : la potence permet donc de donner facilement à passer, en dirigeant les bateaux suivant l'inclinaison convenable, par le moyen d'un gouvernail placé derrière le pont. Or il faut, que la potence ne soit pas très en avant, ce qui exigerait de trop grands mouvemens de l'arrière; d'ailleurs, le cable éprouvant une forte tension lors du passage, la pression verticale sur la potence chargerait trop l'avant-bec des bateaux; qu'elle ne soit pas en arrière, ce qui donnerait de la difficulté pour maintenir le pont dans la direction favorable pour bien passer; et même, si la potence était placée en arrière du centre de gravité du système, le pont ferait naturellement une demi-conversion.

C'est d'après ces considérations, et à l'aide de l'expérience, que l'on a déterminé la position à donner à la potence, et que l'on a trouvé qu'elle doit être placée au tiers de la longueur des bateaux, à partir du nez de devant.

L'élévation du chat est relative à la grandeur

du pont volant et à la vîtesse du courant. Car, si le pont est très-long, on ne peut employer une potence peu élevée, parce que la partie du cable comprise entre le chat et le treuil, gênerait la circulation sur le tablier. Le même inconvénient aurait lieu, si l'on donnait peu d'élévation à la potence, dans le cas où la rivière n'est pas très-rapide; parce qu'alors, le cable éprouvant une faible tension, il a une assez grande courbure. L'élévation du chat varie de 12 à 30 pieds.

Le chat, dont la hauteur est d'environ un pied, doit jouer librement dans des rainures faites aux traverses. On atteindra ce but en le faisant rouler sur deux cercles de cuivre, et en garnissant de deux bandes de fer le fond des rainures pratiquées dans les traverses.

Le *Treuil* que l'on met sur l'arrière-pont, et qui sert à faire remonter ou descendre le pont volant par le moyen du cable qui enveloppe l'arbre, sera construit de telle sorte, que l'arbre ait une élévation de 4 pieds au moins au-dessus du tablier. La raison en est encore que le cable ne doit point gêner la circulation sur le pont.

On peut aussi employer un cabestan au lieu d'un treuil; mais il faut que l'arbre soit incliné de manière à être perpendiculaire au cable, et dans le plan vertical qui passe par ce cordage, lorsque le chat est au milieu de la potence.

Les *Nacelles* qui soutiennent le cable, doivent être plus ou moins fortes, suivant la rapidité du fleuve. Leur grandeur peut aussi varier en raison de la position qu'elles occupent sous le cordage. La 1re., celle qui est la plus voisine de l'ancre du cable, devra être des plus fortes, parce qu'elle soutient un cordage qui tire dans un sens incliné et dont une partie de la tension tend à la submerger. La 2e. peut être la moins forte de toutes, parce qu'elle n'a qu'un très-petit arc à décrire, et que, comme toutes les autres, excepté la première dont on a parlé, elle n'a qu'une partie du poids du cable à supporter. Depuis la 2e. jusqu'à la dernière, leur force ira en augmentant : car elles ont, dans le moment du passage, une vitesse d'autant plus grande qu'elles sont plus rapprochées du pont volant, et sont par conséquent plus en danger d'être submergées. D'ailleurs, l'impulsion partant du pont volant se communique plus facilement aux nacelles qui en sont plus rapprochées qu'aux autres : les dernières doivent donc être plus faciles à mouvoir et par conséquent plus légères.

De même que les bateaux du pont volant, les nacelles seront longues et étroites ; elles doivent être peu élevées à cause du vent dont l'effet peut contrarier celui du courant. Pour donner plus d'action au courant, on met en arrière de la nacelle, en forme de gouvernail, une planche qui ne s'élève pas au-dessus des eaux. Les nacelles doivent être pontées, parce qu'elles sont sujettes à être englouties par les vagues lorsque le vent est violent. Elles portent une fourche fixée par 4 haubans, dans laquelle le cable est soutenu à une hauteur de 6 à 7 pieds. La fourche est dressée sur le devant de la nacelle, à-peu-près à hauteur de la naissance de l'avant-bec. Un cordage, appellé *bride*, va de l'arrière de la nacelle au cable. En allongeant ou en raccourcissant la bride, on donne plus ou moins à passer, selon qu'on le juge à propos.

Quant au nombre des nacelles qui soutiendront le cable, il dépend de la largeur de la rivière et de sa rapidité. Pour une largeur de 200 toises et avec un courant assez fort, 11 nacelles suffiraient. Il en faudra jusqu'à 15 si l'eau a peu de rapidité; parce que la tension du cable étant d'autant moindre que l'eau a un écoulement plus faible, sa courbure est plus forte entre deux nacelles. Il faut donc rapprocher les points de support, afin que le cable ne traîne point à l'eau.

Dans les grands ponts stables, au lieu d'un Cable on emploie un chaînon en fer. Les barres de chaque pièce du chaînon ont environ 2 pieds de longueur et 1 pouce de diamètre. Leurs extrémités sont recourbées de manière à former les anneaux qui lient toutes les pièces ensemble. Une telle chaîne est d'un poids moindre qu'un fort cable, a plus de solidité, et n'est pas sujette aux dégradations qu'éprouvent les cordages. La chaîne ne va que jusqu'à la dernière nacelle, à cause de la potence et du treuil. On met un bout de cordage pour allonge.

La longueur du cable devra être au moins d'une fois et demie la largeur de la rivière. Le pont passera mieux si cette longueur est égale au double de la largeur: car alors l'arc décrit par le pont volant sera plus court, cet arc aura peu de courbure, et l'on n'est obligé de remonter contre le courant que d'une quantité égale à sa flèche. On ne gagnerait rien à augmenter la longeur du cable au-delà du double de la largeur de la rivière: parce que, en raccourcissant l'arc décrit par le pont, on augmenterait le nombre des nacelles, et le pont perdrait une partie de sa vitesse par l'impulsion qu'il serait obligé de leur communiquer.

On se sert pour ancrer les ponts volans de

très-lourdes ancres, de grapins, ou d'autres masses dont on a parlé lorsqu'il s'agissait de l'ancrage des ponts.

Si le plus fort du courant est au milieu de la rivière, il est certain que l'on doit jeter l'ancre du pont volant à ce milieu même, et que le pont passera également bien en traversant la rivière dans un sens ou dans le sens opposé. Si le courant le plus rapide est plus près d'une rive que de l'autre, on ne doit plus jeter l'ancre au milieu de la rivière; il ne faut pas non plus la jeter au plus fort courant, mais plus du côté de la rive qui en est la plus éloignée. Si, par exemple, l'endroit le plus rapide est près de la rive droite, et que dans ce cas on jette l'ancre au milieu du fort courant, il en résultera que le pont passera très-facilement de la rive gauche à la rive droite, mais très-lentement de la rive droite à la rive gauche.

Ce sont les circonstances locales qui montreront où il faut mouiller l'ancre. Cette opération est une de celles qui demandent à être faites avec la plus grande justesse; c'est d'elle seule que dépend l'égalité de temps que le pont doit mettre en traversant la rivière dans un sens ou dans le sens contraire.

On amarre souvent le cable du pont à un

piquet planté sur la rive, ce qui présente les inconvéniens dont on vient de parler; car il résulte de cette position du cordage que le pont passe très-vîte pour arriver à la rive sur laquelle on a amarré le cable, et très-lentement pour aller en sens contraire: pour passer dans ce dernier sens, le pont remonte contre le courant; c'est ce qui retarde sa marche: d'ailleurs, on est forcé d'employer un cordage plus long que quand on mouille l'ancre ainsi que nous l'avons dit précédemment. Cependant, si l'ennemi est maître d'une rive du fleuve sur lequel on veut établir un pont volant, il sera bon d'amarrer le cable à terre, parce qu'il sera plus en sûreté contre ses tentatives pour le couper. On l'amarrera encore à terre dans le cas où la rivière présente un grand tournant en dessus de l'endroit où l'on veut établir le pont.

Quelquefois, outre le cordage sur lequel le pont volant oscille, on tend un autre cordage en travers de la rivière, qui suit l'arc que le pont décrit dans son mouvement. Ce cable est tendu à l'aide d'un treuil ou cabestan. Il est tenu élevé sur des échafaudages construits sur les rives; un montant placé sur l'avant du pont l'empêche de descendre, en le retenant au cordage mis au travers. On a imaginé plusieurs moyens pour empêcher que le frottement du montant contre le cordage n'occasionne bientôt la destruction de ce dernier. Le plus simple nous paraît être celui-ci : le montant est un cylindre vertical qui roule sur deux tourillons ; un autre cylindre horizontal, parallèle à la ligne milieu des bateaux, croise contre le premier : il est destiné à soutenir le cordage qui tomberait sur le pont, quand on traverse et que l'on est au milieu de la rivière. Ces deux cylindres font partie d'un tour, dont on devine facilement la construction.

On emploie le même moyen pour conserver le cable d'une traille.

Nous allons maintenant donner quelques détails de la construction du pont volant.

Les poutrelles du tablier peuvent déborder de 3 à 4 pieds les plat-bords extérieurs des bateaux. Elles seront fixées par des brides en fer à ces plat-bords.

La potence est retenue droite à l'aide d'un sabot placé au pied de chaque montant, sur le fond des bateaux ; de traverses fixées aux plat-bords, dans lesquelles les montans sont logés ; de deux arc-boutans qui posent sur les traverses et contre les montans ; enfin, de 6 cordages ou chaînes de fer mis en haubans, dont 4 vont des sommets des montans aux 4 coins du tablier en se croisant, et les autres vont des sommets des montans aux côtés du tablier, dans le plan de la potence. On peut avec avantage amarrer les deux haubans qui se croisent en arrière de la potence à des anneaux fixés aux bouts les plus élevés des supports de l'arbre du treuil. Le treuil doit être assez solidement fixé au tablier pour résister à cet effort. Il en résultera que les chaînes ainsi disposées, ne gêneront aucunement le mouvement des voitures, qu'on pourra placer sur toute la surface du tablier, en arrière de la potence.

La partie du cable qui traverse le chat éprouvant un frottement assez considérable lorsque le pont est en mouvement, on la couvre ordinairement d'un cuir.

On établit un gouvernail derrière l'arrière-pont; ou, ce qui vaut mieux, chaque bateau porte son gouvernail, et l'on en réunit les deux barres par une traverse, à l'aide de laquelle un seul homme peut les manoeuvrer à la fois.

Dans tous les cas, on prépare le terrain aux endroits où aborde le pont, et l'on y établit des culées. On les construit sur bateaux, sur radeaux ou sur chevalets.

On construit aussi quelquefois des culées mobiles, qui, en s'approchant ou en s'éloignant du milieu de la rivière, selon que l'eau diminue ou augmente, présentent toujours au pont un abord convenable. Elles sont soutenues sur deux roues. On ne peut évidemment se servir de ces machines, que lorsque le fond de la rivière est solide et que la pente douce du rivage est uniforme dans l'espace que la culée doit parcourir.

Pour faire serrer le pont contre la culée après le passage, on se sert de deux cabestans élevés de chaque côté sur le pont, à-peu-près à hauteur de la potence. Le cordage qui entoure le cabestan s'amarre à la culée, ou à un piquet planté sur la rive.

On élevera des garde-fous autour du pont. Sous les demi-ponts des bateaux, on fera des cabanes destinées à contenir les agrès de rechange et à loger les hommes de garde.

A l'armée, on ne peut pas construire des ponts volans en suivant exactement tout ce qu'on vient de prescrire pour les ponts stables : mais on s'en écartera le moins possible. On choisira les bateaux les plus convenables à cette sorte de pont, parmi ceux que l'on aura à sa disposition : le délai fixé pour établir le passage ne permettra peut-être pas de construire une potence aussi compliquée que celle que nous avons décrite : alors elle sera composée seulement de deux montans et d'une traverse sur laquelle glissera le cable. Le treuil ou cabestan sera remplacé par une simple traverse. Les nacelles ne seront point pontées. On parviendra ainsi à construire en peu de temps un pont volant, auquel on pourra faire par la suite tous les changemens que l'on jugera nécessaires.

Pour completter l'explication que nous avons donnée des parties principales d'un pont volant, nous allons présenter le tableau des dimensions de ces parties supposées appartenir à un pont d'une grandeur déterminée.

DIMENSIONS principales d'un Pont Volant destiné à passer 500 hommes.

(On suppose que tous les hommes seront sur le tablier. On peut en faire entrer un grand nombre dans les bateaux.)

DÉSIGNATION DES PIÈCES.				DIMENSIONS. pi.	po.	lig.	*OBSERVATIONS.*
Bateau.	Bateau.	Longueur.	totale.	67	»	»	Les deux bateaux du pont volant sont parfaitement égaux.
			du corps.	46	»	»	
			de l'avant-bec.	12	»	»	
			de l'arrière-bec.	9	»	»	
		Largeur.	entre les plat-bords.	10	»	»	
			au fond.	8	»	»	Le bateau est entièrement construit en chêne.
		Hauteur.	de l'avant-bec.	6	9	»	
			du corps.	4	9	»	
			de l'arrière-bec.	5	6	»	
	Fond du bateau.	Longeur.	totale.	63	6	»	Le fond du bateau est formé de six largeurs de fonds particuliers. Il est relevé de 6 pouces seulement à chaque extrémité.
			de l'avant-bec.	8	9	»	
			du corps du bateau.	46	»	»	
			de l'arrière-bec.	8	9	»	

Bateau.						
Fond du bateau.	largeur.	8	«	«	Il a cette largeur dans toute l'étendue du corps.
	épaisseur.	«	2	«	Il se termine en pointe aux extrémités.
Bordages.	largeur.	1	1	6	
	épaisseur.	«	2	«	
Plat-bords.	largeur.	«	8	«	Les plat-bords, ceintures et cordons régnent sur tout le tour du bateau.
	épaisseur.	«	5	«	
Ceintures.	largeur.	«	6	«	Les ceintures s'appuient sur les courbes.
	épaisseur.	«	4	«	
Cordons.	largeur.	«	8	«	Le cordon est recouvert par le plat-bord.
	épaisseur.	«	2	»	
Courbes, 68.	largeur.	«	6	«	
	épaisseur.	«	4	«	
Semelles, 4.	largeur.	«	8	«	Les semelles sont placées à la naissance des becs.
	épaisseur.	«	4	«	
Montans de semelles, 4.	largeur.	«	6	«	Les montans de semelles sont mis sur celles qui sont les plus voisines des becs.
	épaisseur.	«	4	«	
Gouvernail à la Hollandaise.	Longueur. supérieure.	2	4	«	La base du gouvernail est placée sur la ligne du fond du corps du bateau ; il est fixé à la têtière de derrière par des pentures.
	Longueur. inférieure.	5	«	«	
	Hauteur.	4	«	«	
2 poupées placées à 6 pieds du nez de devant.					
2 Têtières, sur lesquelles s'assemblent les extrémités des côtés.					
Cloux, Chevilles, nayes, goudron, étoupes.					

DÉSIGNATION DES PIÈCES.				DIMENSIONS. pi.	po.	lig.	OBSERVATIONS.
Tablier du pont.	Tablier.	longueur.		40	»	»	
		largeur.		45	»	»	La largeur est comptée dans le sens de la longueur des poutrelles.
	Longueur.	de l'avant-pont.		10	»	»	
		de l'arrière-pont.		10	»	»	
	Poutrelles.	longueur.		45	»	»	Il y a 17 poutrelles au pont, 4 à l'avant-pont, 4 à l'arrière-pont.
		équarrissage.		1	»	»	
	Distance entre les poutrelles.	du pont.		1	5	3	
		des avant et arrières-ponts.		1	6	»	
	Distance de la potence au nez de devant.			21	1	3	
	Distance entre les bateaux de milieu à milieu.			26	2	»	
	Madriers pour couvrir.						
	Brides en fer pour lier les poutrelles aux plat-bords. Cloux.						Les poutrelles dépassent de 4 pieds sur les plat-bords.
Potence.	Montans, 2.	hauteur prise du fond du bateau.		27	3	»	
		hauteur de la pointe.		2	»	»	
		Equarrissage.	au pied.	1	»	»	
			au milieu de sa hauteur.	»	11	»	
			à haut[r]. de la traverse supér[e].	»	10	»	
		distance entre les axes.		26	2	»	

							Observations
Potence.	Traverses, 2.		longueur.	25	4	»	
			équarrissage.	»	10	»	
			élévation de celle qui supporte le chat au-dessus du tablier.	18	»	»	
	Arc.		flèche de l'arc qui soutient la traverse inférieure.	5	4	»	
	Chat.		hauteur.	»	10	»	
			distance entre les axes des roulettes.	1	8	»	
	Arc-boutans de montans, 4.		longueur	6	2	»	
			écartement à la base.	9	10	»	
			équarrissage.	»	11	6	
Treuil placé sur l'arrière-pont.	Longueur totale.			7	8	»	
	Arbre.		longueur.	3	»	»	
			diamètre.	1	2	»	
			la partie supérieure est élevée au-dessus du tablier de.	4	6	»	
	Chassis supérieur.	Supports de l'arbre, 2.	longueur.	»	»	»	
			largeur.	»	»	»	
			épaisseur.	»	»	»	
		Traverses, 2.	longueur.	3	»	»	La traverse la plus élevée est percée d'un trou par où passe le cable.
			largeur.	1	»	»	
			épaisseur	»	10	»	

DÉSIGNATION DES PIECES.				DIMENSIONS. pi.	po.	lig.	OBSERVATIONS.
Treuil placé sur l'arrière-pont.	Chassis inférieur.	Pièces correspondantes aux supports, 2.	longueur.	»	»	»	
			largeur.	»	»	»	
			épaisseur.	»	»	»	
				»	»	»	
		Traverses, 2	longueur.	3	»	»	
			largeur.	»	»	»	
			épaisseur.	»	»	»	
	Montans, 4.	de devant, 2.	hauteur.	»	»	»	
			équarrissage.	»	»	»	
		de derrière, 2.	hauteur.	»	»	»	
			équarrissage.	»	»	»	
	Arc-boutans des montans de devant, 2.	longueur.		2	10	»	
		longueur en projection horizontale.		1	10	»	
		Équarrissage.	largeur.	»	10	»	
			épaisseur.	»	8	»	
	Leviers... Boulons pour le fixer aux poutrell. du tablier.			»	»	»	
Cabestans pour serrer le pont à terre.	Distance de l'arbre au bout des poutrelles.			»	»	»	Ces cabestans sont maintenus en dessus et en dessous des poutrelles par des traverses entaillées qui les serrent dans deux gorges faites aux arbres.
	En arrière de la potence de.			»	»	»	
	Arbre ; longueur.	totale.		»	»	»	
		de la tête.		1	»	»	
		de la partie cylindrique.		2	»	»	

Nacelles	Longueur	totale	26	»	»
		de l'avant-bec	8	»	»
		de l'arrière-bec	6	»	»
	Largr. dans œuvre	supérieure	5	»	»
		inférieure	4	»	»
	Hauteur du corps		2	»	»
	Fond. Longueur horizontale	de l'avant-bec	7	6	»
		du corps	12	»	»
		de l'arrière-bec	5	9	»
	Levée du fond au nez	de devant	»	6	»
		de derrière	»	4	»
	Gouvernail fixe	longueur	6	»	»
		largeur	1	5	»
	Courbes, 24	épaisseur	»	3	»
		largeur	»	4	»
Ancres	Une de 1100 liv. ou de 8 pieds de verge, pour amarrer le cable. — 2 de 470 liv. ou de 6 pieds de verge, pour secours.				

La force des nacelles et le nombre que l'on en met à soutenir le cable dépendent de la rapidité de la rivière et de sa largeur.

Si la rivière est très-rapide et le cable à supporter très-lourd, on pourra employer des nacelles qui auront les dimensions données ci-contre.

Les nacelles sont pontées afin que les vagues ne les submergent pas. La fourche est élevée de 6 pieds au-dessus des plat-bords, à une distance de 9 pieds du nez de l'avant-bec.

PONTS DE RADEAUX.

Les radeaux ne sont propres à former des ponts que sur les rivières peu rapides, parce qu'ils présentent une grande résistance à l'écoulement des eaux, et qu'ils n'ont pas la stabilité nécessaire pour résister à la force de la masse d'eau qui agit contre eux, à cause du peu d'élévation de la partie surnageante.

Les ponts de bateaux sont sous tous les rapports préférables aux ponts de radeaux. Ces premiers sont plus faciles à construire, plus stables, parce qu'ils offrent moins de prise à l'action du courant. Mais il est des cas où l'on se trouve dépourvu de bateaux; si alors on a des bois convenables à sa disposition, et que la rivière ne soit pas trop rapide, il sera avantageux de faire construire des radeaux, qui demandent beaucoup moins de temps pour leur confection qu'il n'en faut pour celle des bateaux.

Les radeaux ne surnagent que parce que la pesanteur spécifique des bois qui les composent est moindre que celle de l'eau. On devra donc choisir les bois les plus légers. Le pied cube d'eau pèse 70 livres : on pourra employer

Le Peuplier, dont un pied cube pèse environ.	26 l.	9 on.
Le Sapin.	36	»
Le Pin.	42	»
Le Tilleul.	41	15
L'Orme.	46	9
L'Aune.	56	»
Le Hêtre.	59	2

Le Chêne pèse jusqu'à 76 liv.

Quand on connaît le volume d'un arbre et le poids d'un pied cube, il est facile de savoir qu'elle est la charge nécessaire pour submerger l'arbre flottant.

Soit V le volume d'un arbre, p le poids d'un pied cube du bois; la charge nécessaire pour submerger l'arbre est égale à $V(70-p)$: c'est-à-dire quelle est égale au volume de l'arbre multiplié par la différence des poids spécifique de l'eau et de l'arbre.

Il est aisé de déterminer de combien d'arbres de dimensions données, on doit composer chaque radeau du pont, connaissant d'avance le poids d'une travée du tablier et celui des fardeaux les plus lourds qu'on veut faire passer sur le pont (1). Soit

(1) Si le pont doit supporter l'artillerie de siége, ou seulement l'artillerie de campagne, on se réglera sur ce que

Le volume d'un arbre. . . . . . $=V$ (1)
Le poids d'une travée du tablier du pont. . . . . $=a$
Le poids des fardeaux que le pont doit supporter. . . . . $=b$
Le poids du pied cube de l'arbre. . $=p$

x étant le nombre d'arbres du radeau, son volume est Vx. Donc il faut pour submerger le radeau un poids égal à $Vx\,(70-p)$. On doit donc avoir $Vx\,(70-p)=a+b$; d'où $x=\frac{a+b}{V(70-p)}$.

Un pont de radeaux doit une partie de sa résistance à s'enfoncer sous le poids des fardeaux à la liaison des radeaux entr'eux, qui fait que la pression se partage toujours entre deux ou même trois radeaux voisins.

On construira toujours les radeaux dans l'eau, jamais sur terre. Car, si on les établit à terre sur des chantiers, toutes les parties tendront à se désunir quand on les mettra à l'eau; parce qu'alors chaque pièce veut prendre sa position

---

une pièce de 24 sur son affût, pèse. . . 8178 liv.
une pièce de 12 de campagne sur son affût, 3840.

(1) Soit d le diamètre moyen de l'arbre, l sa longueur $\frac{22}{7}$ étant le rapport approché de la circonférence au diamètre, on a $V=\frac{22}{7}\left(\frac{d}{2}\right)^2 l$.

d'équilibre stable dans ce fluide. D'ailleurs, les arbres une fois jettés à l'eau sont bien plus faciles à mouvoir que sur terre.

Pour construire le radeau dans l'eau on choisira un endroit où le courant soit assez tranquille.

On coupera le gros bout de chaque arbre en sifflet; parce qu'en formant le radeau on mettra tous les gros bouts en amont, le bec du sifflet en dessus, ce qui facilitera l'écoulement des eaux et diminuera par conséquent l'effort du courant contre le radeau (1).

Les arbres seront placés l'un à côté de l'autre, mais on conservera entr'eux un intervalle de quelques pouces. Cet écartement des arbres a

---

(1) On trouve dans l'Aide-Mémoire, (pag. 1144) : *Le bout des arbres de la tête doit être taillé en cône, ou au moins coupé en sifflet.* C'est-à-dire que ce qu'il y aurait de mieux à faire, serait de couper le bout des arbres en cône. Il est bien vrai que cette pointe fendrait les eaux; mais il est certain aussi qu'elle donnerait beaucoup de facilité à tout ce que charie la rivière pour monter sur la tête des radeaux, la charger et la faire plonger, empêcher l'écoulement entre les arbres et peut-être faire rompre le pont. Le bout coupé en sifflet facilite l'écoulement des eaux et décompose la force du courant en deux autres, dont l'une soulève la tête du radeau.

pour but de laisser un libre cours à l'eau; ensorte que l'écume et les menus branchages que la rivière charie, ne pourront s'arrêter sur le radeau, comme cela arriverait si les arbres étaient en contact.

Le radeau présentera un angle saillant en amont; ce qui facilite l'écoulement des eaux et rejette entre deux radeaux ce que le courant charie contre le pont.

Les arbres seront maintenus l'un par rapport à l'autre, ainsi qu'on vient de le dire, par 2 traverses, si le radeau n'est pas très-long, et par 4, si les arbres ont une grande longueur. On fixe chaque arbre aux traverses avec des harts, qui embrassent les traverses et dont les extrémités sont retenues par des chevilles chassées dans des trous de tarrière percés dans l'arbre.

Mais ces traverses ne suffisent pas pour former avec les arbres un système invariable. En effet, le radeau étant amarré par son milieu, le moindre choc contre un des arbres placés sur un des côtés peut les faire descendre, et les arbres qui sont de l'autre côté de la ligne milieu, remonteront de la même quantité dont sont descendus leurs correspondans respectifs. Pour obvier à cet inconvénient, on placera un fort madrier obliquement, d'une extrémité de la 1re. traverse au bout opposé de la 2e.

Le radeau étant construit ainsi qu'on vient de le dire, il faut élever l'échafaudage sur lequel poseront les poutrelles du tablier. On a dû placer les deux traverses, s'il n'y en a que 2, et les 2e. et 3e. s'il y a en 4, de manière à ce que le centre du tablier doive correspondre au milieu de la distance entre ces deux traverses; en observant que le tablier doit charger davantage l'arrière que l'avant du radeau, afin que le bec reste toujours élevé au-dessus de l'eau, lors même du passage des plus lourds fardeaux sur le pont. Ainsi, il a suffit pour déterminer la position des traverses de calculer la distance du centre de gravité du radeau au sommet du saillant de la tête (1).

Sur ces deux traverses s'élèvent les 3 supports qui soutiendront les poutrelles du tablier. Celui du milieu correspond à l'arbre milieu du radeau, les deux autres répondent aux arbres extrêmes.

---

(1) Soit a le diamètre du petit bout de l'arbre, b celui du gros bout, l la longueur : la distance du centre de gravité de l'arbre à son gros bout est égale à $\frac{l}{3}\left(\frac{2a+b}{a+b}\right)$

L'écartement des radeaux est maintenu constant par des traverses qui vont de l'avant et de l'arrière d'un radeau à l'avant et à l'arrière des radeaux voisins. Ces pièces de bois, qui font l'office de traversières, sont élevées d'un pied environ au-dessus des traverses extrêmes du radeau.

On n'amarrera pas le cordage d'ancre du radeau à la 1re. traverse s'il y a 4 traverses au radeau, il ferait plonger le devant du radeau. On l'amarrera à la 2e. traverse qui n'est que peu en avant du centre de gravité. C'est à ce centre même qu'il faudrait amarrer le cordage, pour que sa tension fît plonger horizontalement le radeau.

La construction des radeaux varie en raison de la rapidité de la rivière, du poids des plus lourds fardeaux que le pont doit supporter et du temps et des matériaux dont on peut disposer. On examinera successivement chacun des cas qui se présenteront.

Nous allons d'abord supposer que l'on a à sa disposition tout ce que l'on peut désirer, relativement aux temps et aux matériaux, et que le pont doit pouvoir supporter les fardeaux les plus lourds d'un équipage d'artillerie de siége.

N°. 1.

PONT DE RADEAUX, de la construction duquel on se rapprochera autant que le permettront les conditions auxquelles on sera assujetti.

DONNÉES.

				pi.	po.
Radeau.	Le radeau est formé de 15 arbres qui ont pour	Longueur.		59	»
		Diamètre.	au gros bout.	1	4
			au petit bout.	1	»
	Longueur de la flèche du saillant.			7	»
	Longueur totale.			53	6
	Ecartement des arbres.	à la tête.		»	6
		à la queue.		»	9
	Largeur (approchée)	à la tête.		23	4
		à la queue.		22	»
	Equarrissage des traverses 8 po. de largeur sur.			»	6
	Distance de la tête du radeau à la	1re. traverse		8	»
		2e. *id.*		25	»
		3e. *id.*		37	4
		4e. *id.*		52	2
	Madrier obliquement placé.	largeur		1	»
		épaisseur.		»	2
Supports, 5.	Longueur.			17	»
	Equarrissage, 1 pied de hauteur sur.			»	[illegible]
Poutrelles, 6 par travée.	Longueur.			50	»
	Equarrissage, 7 po. de largeur sur			»	8
	Distance entre les axes des extrêm.			13	10
Madriers, 47 par travée.	Longueur.			16	»
	Largeur.			1	»
	Epaisseur.			»	2

	pi.	po.
Guindages : équarrissage.	»	6
Longueur d'une travée.	47	»
Distance entre deux radeaux, à la tête. . .	23	8
Portée des poutrelles.	24	»

RÉSULTATS.

	pi.	po.
Distance du centre de gravité du radeau au sommet du saillant de la tête. .	27	3
Volume d'un arbre.	53	pppi. $\frac{17}{16}$
Volume du radeau.	790	

(Poids du pied cube de bois 40 livres.)

Le radeau peut supporter. . . . . 21000 livres.

Poids.	des poutrelles et guindages d'une travée. . . .	5567
	des madriers.	5013
	des traverses et supports.	2230
	supporté par le radeau. .	12810

Charge que le pont peut supporter. . 8190

Une pièce de 24 sur son affût pèse 8173 livres.

Pour une largeur de 100 toises, il faudrait 12 radeaux.

Les dimensions des bois employés à la construction de ce pont les rendent très-difficiles à trouver, sur-tout en campagne; mais ce n'est pas un pont tel qu'on doit les construire à l'armée qu'on s'est proposé de décrire, mais bien ce qu'il y a de mieux à faire en ponts de radeaux.

On va donner maintenant la construction des ponts, tels qu'on doit les faire à l'armée. On aura alors en considération la difficulté de se procurer des bois de fort échantillon, le peu de temps dont on peut disposer et la rapidité de la rivière sur laquelle on doit tendre le pont.

Dans le pont n°. 1, les traverses sont liées aux arbres par des harts; dans les ponts dont on va parler, elles le sont par des chevilles, ou, ce qui vaut beaucoup mieux, par de longs cloux appelés *Broches*. Dans le pont n°. 1, on a regardé le poids des traverses comme faisant partie du poids du tablier; dans ceux dont nous allons nous occuper, on regarde ces pièces de bois comme faisant partie intégrante du radeau, et leur volume est ajouté à celui des arbres, quand on calcule le poids que chaque radeau peut supporter.

N°. 2.

Pont de radeaux de campagne, formé d'arbres de 40 pieds.

DONNÉES.

			pi.	po.
Radeau.	Chaque radeau formé de 12 arbres qui ont pour	longueur.	40	»
		diamètre. au gros bout.	1	4
		diamètre. au petit bout	1	»
	Longueur de la flèche du saillant.		7	»
	Longueur totale.		47	»
	Ecartement des arbres.	à la tête. . . .	»	6
		à la queue . . .	»	10
	Largeur.		21	6
	Equarrissage des 2 traverses, 8 po. de hauteur sur.		»	6
	Distance du saillant du radeau.	à la 1re.	17	6
		à la 2e.	30	6
	Un madrier obliquement placé.			
Supports, 3.	Longueur.		15	»
	Equarrissage, 1 pied de hautr. sur.		»	6
Poutrelles, 6 par travée.	Longueur.		40	»
	Equarrissage.		»	6
	Distance entre les axes des extrêm.		11	»
Madriers, 38 par travée.	Longueur.		14	»
	Largeur.		1	»
	Epaisseur.		»	2
Guindages.	Equarrissage.		»	6
Longueur d'une travée.			38	»
Distance entre deux radeaux, ou portée des poutrelles.			16	6

RÉSULTATS.

Distance du centre de gravité du radeau au sommet du saillant de la tête. . . . . . . 22 pi. 6 po.

Volume d'un arbre.	42	pppi. $\frac{7}{9}$
Volume du radeau.	513	$\frac{1}{3}$
Volume des 2 traverses et du madrier.	18	$\frac{1}{9}$
Le radeau peut supporter.	15950	livres.

Poids	des poutrelles et guindages d'une travée.	3200
	des madriers.	3547
	des supports.	900
	supporté par le radeau. . .	7647
Charge que le pont peut supporter. .		8303

Pour une largeur de 100 toises, il faudrait 15 radeaux.

Un équipage de siége peut passer sur ce pont.

En l'an 1812, j'ai fait construire deux ponts sur le Niemen, d'après ce modèle, l'un à Grodno, l'autre à Merecz. Les radeaux du premier pont étaient composés de 13 poutres équarries, ayant 42 pieds de longueur et 1 pied d'équarrissage. Les poutrelles avaient 42 pieds de longueur. Le pont avait 50 toises; il était formé de 7 radeaux, avait une coupure de 36 pieds.

Le pont de Merecz était formé de 14 radeaux, composés de 13 arbres de 37 pieds sur 14 po. de diamètre moyen. Sa longueur était de 85 toises : il avait une coupure de 60 pieds, fermée par deux portières.

N°. 3.

***PONT DE RADEAUX** de campagne, formé d'arbres de 30 pieds, entés sur 2 de longueur, destiné à être tendu sur une rivière assez rapide.*

Lorsque les bois manquent de longueur, on ente les arbres deux à deux par leurs gros bouts. Mais comme l'enture ne peut avoir une grande solidité, à moins qu'on ne la fasse avec soin, ce qui demande trop de temps, il faut que la solidité du pont soit indépendante de celle des entures.

Le radeau que l'on formera avec les pièces ainsi doublées, sera composé de deux radeaux partiels. Que l'on considère que le centre de gravité du premier radeau partiel est entre les deux premières traverses, et celui du second entre les deux dernières, on voit que si l'on fait porter le tablier sur les quatre traverses en même temps, les radeaux partiels s'enfonceront toujours horizontalement sous le poids des fardeaux qui passeront sur le pont, et l'enture n'éprouvera aucun effort. Or, c'est à quoi l'on parvient, en donnant aux deux supports extrêmes assez de longueur pour qu'ils posent sur les 1re. et 4e.

traverses. On voit qu'il n'est pas nécessaire que l'enture soit solidement faite. On pourrait même, dans un cas pressé, rapprocher seulement les gros bouts des arbres et les réunir par couple avec un morceau de madrier cloué aux deux pièces.

J'ai fait construire, d'après ce modèle, quatre des radeaux du pont établi en 1812 sur le Niemen, devant Olita. Chaque radeau était composé de 16 arbres de 51 pieds sur 14 pouces de diamètre. Les supports extrêmes avaient 37 pieds de longueur. Ces radeaux ont parfaitement réussi.

N°. 4.

PONT DE RADEAUX de campagne, composé d'arbres de 30 pieds, croisés par leurs petits bouts sur une longueur de 17 pieds, destiné à être tendu sur les rivières dont les eaux ont un cours bien tranquille.

En construisant ainsi les radeaux, on n'a pas la peine de faire des entures. Mais comme les arbres se touchent, ces radeaux ne sont propres à former des ponts que sur les rivières dont les eaux sont presque dormantes.

L'expérience a bien prouvé, par le pont construit en 1807 sur le Pô, à Borgo-Forte, que ce système de construction ne convient pas aux rivières rapides ou sujettes aux crues. Les radeaux de ce pont étaient toujours chargés d'une quantité prodigieuse de limon, ce qui les faisait plonger.

Les pontoniers nommaient, avec beaucoup de bon sens, le pont de Borgo-Forte *l'Écumoire du Pô.*

Quand la rivière est très-peu rapide, il n'est pas indispensable qu'il y ait un intervalle entre les arbres. On peut aussi, sans inconvénient, diminuer la distance entre deux radeaux; et c'est ce qu'on a fait dans le pont que nous allons donner pour exemple, mais non pas pour modèle à suivre :

Le pont construit sur le Borysthène, un peu en dessous de Kiow, a 380 toises environ de longueur. Le fleuve est barré dans toute sa largeur par des arbres contigus de 31 pieds de longueur sur 14 pouces d'équarrissage, dont la longueur est dans le sens du courant. Des traverses élèvent le tablier à 1 pied environ au-dessus des radeaux (car le pont est composé de radeaux partiels, afin d'être replié par portières pendant l'hiver). Le tout est recouvert de madriers. Le pont est amarré à 100 pilots qui touchent la tête des radeaux en amont. Un hart qui embrasse le pilot, fait l'office de cordage d'ancre. La voie du pont est de 20 pieds.

La

La manœuvre pour la construction des ponts de radeaux est absolument la même que celle des ponts de bateaux.

Si le pont doit avoir une coupure, on construira la portière de différentes manières, selon que les eaux sont plus ou moins tranquilles.

Lorsque la rivière a bien peu de rapidité, on peut établir la portière sur deux radeaux, de la même manière que l'on a construit celle du pont de bateaux sur deux bateaux. Mais il faut que les eaux aient un faible cours, parce qu'une fois la coupure ouverte, il serait difficile de faire remonter la portière contre le courant, pour peu qu'il fût rapide.

On peut fermer la coupure par deux radeaux pontés séparément, et formant deux portières qui vont se réunir dans la coupure. Si deux portières ne donnaient pas une coupure suffisamment large, on en mettrait trois ou un plus grand nombre.

Le pont entier peut ainsi être construit par portières, et c'est ce qu'on a fait à Borgo-Forte en 1807. On doit regarder ce mode de construction comme défectueux, et d'autant plus désavantageux que la rivière est plus rapide, à cause du trop grand rapprochement des radeaux.

Enfin, si la rapidité de l'eau offrait trop de difficultés à remonter les portières, il n'y aurait rien de mieux à faire que de fermer la coupure par une portière faite sur deux bateaux, dont la hauteur des côtés ne soit pas trop forte, afin qu'il n'y ait pas de ressauts sur le tablier.

On peut employer les radeaux à la construction des trailles. A cet effet, on placera des poutrelles sur le radeau, et l'on recouvrira le tout de madriers; l'angle du bec du radeau sera droit, et l'on pourra donner à passer avec cette traille sous un angle de 45°. Si l'on donnait à passer sous une plus grande inclinaison, ou si l'angle de la tête était obtus, il en résulterait que l'effort du courant contre un des côtés de cet angle, donnerait à passer en sens contraire de la direction que l'on veut suivre.

Si la traille doit supporter de lourds fardeaux, on formera le radeau de deux rangs d'arbres croisés l'un sur l'autre. Comme c'est le choc de l'eau contre les côtés du radeau qui fait passer la traille, on augmentera l'étendue de la surface contre laquelle ce choc a lieu, en clouant des planches verticalement contre ces côtés.

On tendra en travers de la rivière une cinquenelle ou un fort cordage d'ancre, qui retiendra la traille au moyen d'un cordage amarré à deux poupées élevées sur le radeau à hauteur de la naissance du saillant. Ce cordage passe dans une double poulie qui glisse sur la cinquenelle.

Le radeau sera dirigé par un ou deux gouvernails.

PONTS DE CHEVALETS.

Le *Chevalet* le plus simple est composé d'un chapeau et de 4 montans, assemblés à demi-bois et à queue d'hironde dans le chapeau. C'est sur le chapeau que posent les poutrelles du tablier du pont : la voie du pont détermine la longueur du chapeau.

Les montans doivent être dans des plans perpendiculaires au chapeau, mais inclinés par rapport au plan vertical passant par le chapeau. L'écartement à la base entre deux montans placés vers le même bout du chapeau, varie avec la hauteur du chevalet. Cet écartement trop grand, le chevalet s'écraserait sous le poids des fardeaux qui passent sur le pont; trop petit, le chevalet n'aurait pas assez de stabilité.

On peut fixer ainsi qu'il suit l'écartement des montans la base :

Hauteur du chevalet, 6 pi.; intervalle entre les pi., 2 pi. 6 po.
8 . . . . 3 2
10 . . . . 3 8

Le système de construction des chevalets dépend de la nature du fond de la rivière, du poids des fardeaux que le pont doit pouvoir supporter, et du temps dont on peut disposer pour les confectionner.

Chevalet n°. 1. Composé d'un chapeau de 8 po. d'équarrissage, 4 montans ou pieds de 5 à 6 po. d'équarrissage.

Chevalet n°. 2. 1 chapeau, 4 montans, 2 traverses horizontales, unissant les pieds qui sont vers le même bout du chapeau.

Chevalet n°. 3. 1 chapeau, 4 montans, 2 madriers cloués à plat sous les pieds, dans le sens perpendiculaire au chapeau, afin que les pieds ne s'enfoncent pas inégalement dans un fond vaseux.

Chevalet n°. 4. 1 chapeau, 4 montans, 2 traverses, 2 madriers en écharpe, de la partie supérieure d'un montant au pied de l'autre montant placé du même côté du chapeau.

Chevalet n°. 5. 1 chapeau, 4 montans, 2 traverses fixées aux montans intérieurement, 2 arc-boutans vont du milieu de ces traverses au milieu du chapeau.

Pour mettre les chevalets en place, on emploie divers moyens, suivant la profondeur de la rivière.

Si la rivière n'est pas profonde, des hommes les porteront et les placeront : s'il y a trop d'eau, on s'aidera d'une nacelle. Voici un moyen qui sera praticable dans tous les cas.

Couchez le chevalet à l'eau, les pieds en avant; amarrez aux extrémités du chapeau les bouts de deux poutrelles, fixez un cordage à une extrémité du chapeau, et embrassez de ce même cordage le pied d'un des montans; poussez au large, à l'aide des poutrelles; quand le chevalet est à la distance convenable, dressez-le en tirant sur le cordage.

Un grand inconvénient des chevalets sous les ponts, c'est que les pieds éprouvent plus ou moins de résistance à s'enfoncer sous les chocs et le poids des fardeaux qui passent sur le pont. Il arrive donc bientôt que le chapeau n'est plus horizontal, et dès-lors, par sa position inclinée, le chevalet perd beaucoup de sa force, et pourra être écrasé. Cet effet aura lieu toutes les fois que le fond de la rivière ne sera pas solide.

On ne peut fixer la limite de la profondeur à laquelle il n'est plus possible de placer les chevalets. Mais il est certain que si la rivière est profonde, la solidité du pont sera très-douteuse : à cause de la difficulté que l'on éprouve à dresser les chevalets, de l'incertitude où l'on est de savoir s'ils sont bien assis sur le fond de la rivière, et de leur peu de stabilité lorsque les pieds sont très-longs.

Pour plus de détails sur les ponts de chevalets, voyez l'*Aide-Mémoire*.

DIFFÉRENTES ESPÈCES DE PONTS

et des cas où l'on doit les employer.

Les ponts de bateaux sont les meilleurs sur les rivières larges et rapides. Ils réussissent sur toutes les rivières qui ont quelque profondeur.

Les ponts volans se construisent sur bateaux, radeaux, tonneaux, etc. Les ponts volans proprement dits, ne servent que sur les rivières rapides; les *trailles* sur les rivières dont la largeur n'excède pas 100 toises.

Les ponts de radeaux remplacent les ponts de bateaux, hors le cas où la rivière est très-rapide.

Les ponts de chevalets se font sur les rivières peu profondes. Si la rivière a plus de 6 pieds de profondeur, le travail sera long, difficile et sa solidité incertaine, sur-tout si le courant est rapide.

Les ponts sur pilotis peuvent remplacer toutes les autres espèces de ponts. Voyez l'*Aide-Mémoire*.

Ponts de cordages suspendus. Ils servent à franchir des ravins profonds, étroits et escarpés. Voyez l'*Aide-Mémoire*.

Les ponts roulans ne peuvent être tendus que sur des rivières qui ont au plus 5 pieds $\frac{1}{2}$ de profondeur. Ils peuvent être suppléés par les ponts de chevalets ou de bateaux. On n'en traîne plus à l'armée. Voyez l'*Aide-Mémoire*.

Voyez dans l'*Aide-Mémoire* ce qui est relatif aux ponts de circonstances formés de *tonneaux et de cordages*, ou de *caisses*, ou de *chassis*, soutenus par des caisses ou par des outres.

CONSERVATION DES PONTS.

Voyez l'*Aide-Mémoire.*

Voyez, Note E, *la description d'une machine propre à rompre les ponts.*

OBSERVATIONS.

Les officiers de pontoniers doivent juger à vue de la largeur des rivières, afin de pouvoir dire, au premier coup-d'œil, combien de bateaux d'équipage il faut pour établir un pont sur une rivière qu'ils voient pour la première fois.

Entre toutes les méthodes données pour mesurer assez exactement la largeur d'une rivière, en voici trois qui nous paraissent suffisantes dans tous les cas.

Remarquez sur la rive opposée un point A; cherchez à l'œil le point B, perpendiculairement opposé au point A. Mettez le grand côté d'un cordeau perpendiculaire dans la direction de AB, de B en C. L'extrémité du petit côté tombera en D; plantez un jalon à ce point. Avec le cordeau perpendiculaire, élevez CE indéfinie perpendiculaire à AC. Cherchez sur cette ligne le point E, dans la direction du jalon D et de l'objet A. Mesurez CE.

Les côtés du cordeau étant respectivement 3 toises et 4 toises, la similitude des triangles ABD, ACE donne AB = la largeur de la rivière $= \frac{12}{CE-3}$.

Cette manière de mesurer la largeur de la rivière est simple : elle n'exige qu'un cordeau perpendiculaire et 4 jalons, et ne demande qu'une petite étendue de terrain pour opérer. Mais si la rivière a plus de 200 toises, elle exige une grande exactitude dans la mesure de CE. Dans ce cas, il faudrait donner une plus grande longueur aux côtés du cordeau.

Voici une manière qui ne demande pas de cordeau perpendiculaire.

Après avoir déterminé les points A et B, on prend en arrière un point quelconque C, sur le prolongement de AB. On plante un jalon à ce point; on plante un autre jalon à un point arbitraire D; on marque le point E milieu de CD; on cherche le point F, rencontre des lignes DB et EA; on mesure DF, FB et BC; on trouve facilement que $AB = \frac{BC + FB}{FD - FB}$. On voit donc que l'opération sera d'autant plus exacte, que la différence FD—FB est plus grande.

La méthode suivante ne demande aucun calcul; mais elle exige un assez grand espace pour opérer.

Prenez de même sur les rives les points A et B perpendiculairement opposés. A droite de B, prenez un point quelconque C; cherchez le point D sur CB prolongé, de manière qu'on ait BD = BC; prenez un point quelconque E sur le prolongement de AC; cherchez le point F, en faisant BF = BE. La ligne qui passe par les deux points F et D, vient rencontrer AB prolongé en G; mesurez BG, on a BG = BA = la largeur cherchée.

NOTES.

NOTE A.

Un grand bateau, supposé chargé d'un poids donné, est abandonné au courant d'une rivière ; en supposant qu'il ait la plus grande vitesse qu'il puisse acquérir, on demande quelle est l'impulsion qu'il communiquerait par son choc à un obstacle qu'il rencontrerait.

En résolvant ce problème, nous connaîtrons à quel effort un pont doit pouvoir résister.

On donne le poids du bateau, celui de sa charge ; si l'on connaissait la plus grande vitesse qu'il puisse acquérir, on multiplierait cette vitesse par la somme des poids du bateau et de sa charge, et le produit représenterait le choc qu'on veut exprimer. Tout se réduit donc à chercher cette vitesse *maximum*.

La vitesse qu'acquiert le bateau, dépend de sa forme. La force de la masse d'eau qui pousse le bateau est en partie perdue, parce qu'il présente une surface courbe à l'action de cette force. La résistance de l'air contre la partie surnageante du bateau agit en sens contraire du courant. Il faudrait faire des expériences pour connaître cette résistance dans chaque cas donné.

Maintenant, voici la solution du problème dans le cas général où la forme du bateau est donnée par une équation :

La vitesse du fleuve multipliée par l'élément différentiel de la surface du bateau, donne l'action imprimée à un élément de la surface. Intégrant cette différentielle entre les limites que la surface présente au courant, on aura l'action contre cette surface. On retranchera de cette force l'expression de la résistance de l'air.

Le bateau est donc poussé par une force connue. On peut, à un moment quelconque, trouver l'expression de sa vîtesse. On en cherchera le maximum, et l'on aura la vîtesse cherchée.

Ces calculs sont fort longs, et même peut-être impraticables, à cause de l'intégration qui ne pourra sans doute avoir lieu que dans quelques cas particuliers. Pour avoir un cas particulier de la solution, on supposera que le bateau ne s'élève pas au-dessus de l'eau, ensorte que la résistance de l'air soit nulle ; et que le derrière du bateau est coupé par un plan vertical. Alors il est clair que la vîtesse maximum cherchée, est celle du courant.

Il faut donc multiplier le poids du bateau et de sa charge par la vîtesse du courant, et le produit représentera le choc imprimé, par comparaison avec d'autres chocs connus.

Supposons que le poids du bateau et de sa charge soit de 400000 livres, la vîtesse du fleuve de 5 pieds par seconde : alors le choc est exprimé par 2000000.

Un boulet de 12, lancé avec 4 livres de poudre, a pour vîtesse initiale 1290 pieds par seconde : son choc est représenté par 15480.

Donc, le choc du bateau est à celui du boulet à-peu-près comme 130 est à 1.

NOTE B.

Des nœuds pour amarrer et de la manière d'épisser les cordages.

Pour amarrer le cordage à un piquet ou à un anneau, voici la manière de faire le nœud.

Faites un tour de cordage qui embrasse le piquet ou l'anneau, faites croiser le petit bout en dessus du grand, faites-le passer en dessous et ressortir de la boucle : vous avez fait un nœud simple. Faites encore un semblable nœud avec les deux brins, et le cordage sera solidement amarré. Quand on laisse le cordage amarré à demeure, on *ficelle* l'extrémité du petit bout avec le grand bout du cordage. On a cette précaution dans l'amarrage du cordage d'ancre à l'ancre elle-même. De plus, dans ce cas, on fait en commençant le nœud, deux tours de cordage dans l'organeau, parce qu'il s'use en cet endroit.

Ce nœud ne glisse pas, il a l'avantage d'être très-facile à défaire.

Voyez, *Aide-Mémoire*, la manière de former le nœud de batelier.

Quand un cordage casse, on en réunit les deux parties par un nœud droit (Voyez, *Aide-Mémoire*, la manière de faire le nœud droit) ; mais si le cordage doit passer dans une poulie, on en réunira les deux bouts sans faire aucun nœud, c'est ce qu'on appelle *épisser*.

Pour épisser un cordage, décordez environ 4 pouces

de chacun des bouts que vous voulez unir. Vous aurez ainsi pour le cordage A trois brins *a*, *b*, *c*, et pour le cordage M; *m*, *p*, *q*. Enfourchez les deux bouts que vous voulez joindre, en faisant se toucher les parties des cordages où les brins cessent d'être réunis; de telle sorte que les brins du cordage A séparent les trois brins du cordage M.

Supposons que le brin *a* sépare les deux brins *m*, *q*, et que *b* et *c* séparent respectivement *m*, *p* et *p*, *q*. Faites croiser le brin *a* sur le brin *m* et au moyen de l'épissoir (morceau de fer arrondi et courbé qui se termine en pointe) faites une ouverture pour le faire passer sous le brin *p*. Faites de même

Croiser le brin *b* sur le brin *p* et sous le brin *q*,
——————— *c* ——————— *q* ——————— *m*,
——————— *m* ——————— *a* ——————— *c*,
——————— *p* ——————— *b* ——————— *a*,
——————— *q* ——————— *c* ——————— *b*:

c'est-à-dire que tenant de la main gauche un des bouts de cordage, les brins décordés en avant, après les avoir enfourchés comme on l'a dit, on passera un des brins du bout que l'on a dans la main sur le brin de l'autre bout qui est immédiatement à sa gauche, et sous le brin de ce même bout qui est à gauche de celui sur lequel on vient de le faire croiser. On recommence la même opération deux fois sur chaque brin. On tire fortement sur chacun des torrons à mesure qu'on le passe sous un autre.

Un cordage ainsi raccommodé est plus fort à l'épissure que dans tout le reste de son étendue.

La méthode que nous avons donnée pour épisser, est

est celle dite *à la Française* : elle est très-bonne quand le cordage ne doit point passer dans une poulie étroite. Dans le cas contraire, on épissera *à l'Espagnole*, ainsi qu'on va l'expliquer :

Décordez environ 18 pouces des bouts de cordages; enfourchez-les l'un sur l'autre, comme il a été dit précédemment. Décordez un des torrons du bout M et remplacez-le par celui du bout A qui se présente naturellement. Décordez un des torrons du bout A et substituez-y de même un des torrons du bout M. Vous avez trois couples de bouts de torrons qui se croisent : faites dans chaque couple, passer un des brins sous l'autre. Coupez les bouts de torrons inutiles.

NOTE C.

PONT d'une seule pièce de 85 toises de longueur, jeté sur un bras du Danube le 4 juillet 1809.

Le pont a été construit dans un petit canal courbé, ce qui a exigé qu'il pût se briser pour suivre les sinuosités du canal, lorsqu'on le ferait descendre pour le mettre en place. On a atteint ce but en le partageant en quatre parties liées entr'elles. Il a été construit très-solidement, afin de pouvoir faire sa conversion sans être rompu. Il était destiné à faire passer de l'infanterie seulement.

Matériaux employés au pont.

14 pontons autrichiens dont voici les principales dimensions :

		pi.	po.
Longueur totale.		26	6
Largeur au milieu.		6	»
Largeur du fond	au milieu.	5	2
	à chaque extrémité.	2	6
Profondeur.		2	8
Du milieu du fond au commencement de la levée des becs.		6	7½
45 poutrell^s. dont 39 ont	de longueur.	42	»
	d'équarrissage.	»	8
Et les 6 pour les culées ont de longueur.		30	»
30 poutrelles de brèlage ou guindages.	longueur.	35	»
	équarrissage.	»	6

		pi.	po.
510 madriers ayant pour	longueur. . .	7	»
	largeur. . . .	1	»
	épaisseur. . .	»	2

84 brides qui servent à fixer les poutrelles au bateau : elles remplacent les clameaux.

42 boulons à écroux pour lier ensemble les poutrelles de deux travées consécutives.

9 colliers pour augmenter la liaison aux endroits où le pont se brise.

62 lambourdes pour fixer les guindages.... Cloux pour fixer les madriers aux poutrelles.

Les cordages consistent en 1 cinquenelle, 2 cordages d'ancre de 100 toises, 10 cordages d'ancre ordinaires, des croisières.

Les attirails consistent en 10 ancres, dont 7 en amont, 2 cabestans pour tendre la cinquenelle et 10 piquets ferrés, 28 rames, 14 gaffes, 6 écopes.

Construction du pont.

Les 14 pontons forment 4 parties, 2 de 4 et 2 de 3 bateaux.

Les 4 parties du pont sont liées par des cordages. Lorsqu'on veut faire suivre au pont la courbure du canal dans lequel il est construit, on fait croiser les poutrelles de la travée qui sépare deux parties du pont sur un des bateaux. On met un rouleau entre ces poutrelles et celles de la travée qui sont fixées à ce même bateau.

On a fait des *mailles* à la cinquenelle et aux deux cordages qui passent dans les anneaux placés sur les nez des pontons, afin de pouvoir les allonger ou raccourcir, selon que cela peut être nécessaire dans le mouvement des parties du pont quand on le descend, ou quand on assemble les parties du pont.

On a mis seulement 3 poutrelles par travée, distantes de 3 pieds de milieu à milieu ; elles sont fixées au bateau par des brides en fer. Celles d'une travée sont unies à celles de la travée suivante par des boulons qui les traversent horizontalement. Il y a en outre des colliers aux endroits où les parties du pont se joignent.

Au milieu de chaque travée on a mis une traverse qui fixe l'écartement des poutrelles et leur fait former système. Des taquets fixés aux plat-bords maintiennent aussi cet écartement. Enfin, des arc-boutans vont des plat-bords aux poutrelles extrêmes de chaque travée.

Pour jeter le pont, on lui a fait faire un quart de conversion ; l'aile marchante était soutenue par un cordage tenu de la rive ; les ancres ont été jetées à temps.

NOTE D.

Des soins à observer dans la fabrication des cordages.

(Extrait de l'Art de la Corderie, par DUHAMEL.)

On n'emploiera que du chanvre de bonne qualité. Sa couleur peut faire présumer sa bonté. Le plus estimé est de couleur argentine, comme gris de perle ; ensuite le verdâtre, puis le jaune. S'il est trop foncé ou noir, il a été trop roui, il a trop fermenté, il a un commencement de pourriture. S'il est tacheté de brun il a été mouillé, et les endroits bruns sont ordinairement pourris.

Il est bon qu'il ait une ordeur forte, mais on doit rejeter celui qui sent le pourri, le moisi ou simplement l'échauffé.

Le chanvre doit être bien *espadé* et bien *peigné*, afin qu'il soit plus souple et privé de ses chenevottes.

On ne prendra que le premier brin pour les cordages d'ancre : ils seront plus forts ; on mêlera le 2e. brin au 1er. pour les autres cordages. Le chanvre sera filé fin et peu tordu : la grosseur des fils sera de 4 lignes au plus de circonférence avec le premier brin, et de 5 à 6 avec les 1er. et 2e. mêlés.

Les cordages seront commis au quart ; pour être bien faits il faut qu'ils soient tordus également dans toute leur longueur ; que les fils et les torrons aient une grosseur et une tension uniforme.

Les cinquenelles n'ayant que 18 lignes de diamètre peuvent être à 3 torrons comme les cordages d'ancre. Elles seront plus fortes à 4 torrons, mais elles sont aussi plus difficiles à commettre sans *mèche* ou *âme*. La mèche ajoute à la force du cordage par la position des torrons qui, en se roulant sur la mèche, décrivent des hélices plus allongées. Mais la mèche se brise quand les cordages éprouvent une tension un peu forte, et dès-lors les torrons s'approchent inégalement et n'ont plus une égale tension. La mèche sera composée de fils ($\frac{1}{8}$ du nombre de fils d'un torron) tortillés dans le même sens que les torrons. En commettant le cordage l'âme se détortillera ; elle restera lâche et molle au centre du cordage et sera susceptible de s'allonger un peu.

On dit que l'âme conserve l'humidité, se pourrit et pourrit les torrons. Mais les cordages à mèche sont plus unis et plus flexibles.

Les cinquenelles de 18 lignes de diamètre pourront facilement être commises à 4 torrons sans mèche. Le vide restant au centre du cordage n'est pas considérable.

Les cordages d'ancre seuls seront gaudronnés, parce qu'ils sont destinés à être fréquemment plongés dans l'eau.

NOTE E.

MACHINE envoyée par les Autrichiens, pendant la nuit du 5 au 6 juillet 1809, pour rompre les grands ponts d'Ebersdorf.

On a élevé, sur un grand bateau du Danube, une chambre qui en occupe toute la largeur; elle a 20 pieds de longueur; son élévation au-dessus du fond du bateau est de 6 pieds. La chambre est formée par des montans contre lesquels on cloue des planches en dedans et en dehors, ce qui donne un double revêtement. Deux rampes conduisent du fond du bateau au-dessus de la chambre. L'intérieur contient 5 barils de poudre de 250 l.; 4 sont aux coins d'un quarré, le 5°. au centre, qui correspond au centre de la chambre. Chacun des 4 premiers barils est surmonté d'une caisse sans fond ni dessus, à la mi-hauteur de laquelle est une séparation horizontale à coulisse qui joue facilement dans les rainures. C'est sur ces séparations que l'on jette d'avance les bouts de mèche allumés qui doivent enflammer la poudre. Voici le mécanisme par lequel la poudre prend feu au moment même où la machine rencontre le pont.

Aux quatre séparations dont nous avons parlé, on attache des ficelles tendues qui vont s'amarrer à un mât élevé au milieu de la face de derrière de la chambre, les unes directement, les autres après avoir passé dans 4 poulies de renvoi, dont deux fixées à la partie supérieure et deux à la face de la chambre du côté de l'avant-bec. Le mât est retenu droit par deux haubans faiblement amarrés, et par un clameau qui l'unit à une des poutres dont on charge le dessus de la chambre.

On jette des bouts de mèche à canon allumés par des cheminées qui communiquent du dessus de la chambre dans les boîtes mises sur les barils; on lance le brûlot : la chambre étant précédée et suivie par des rampes, la machine ne pourra s'arrêter contre un pont sans que le mât touche le tablier et ne soit renversé : dans son mouvement il tend les ficelles, les séparations sortent des coulisses, le feu tombe en même-temps dans 4 barils, le 5e. prend feu par l'effet de l'explosion; la chambre et les poutres placés sur son plancher sont lancés avec impétuosité, rompent à-la-fois les beaux ponts de pilotis et de bateaux d'Ebersdorf et coupent la communication de l'armée française.

Tels furent les projets qui, quoique bien entendus, n'ont pas eu d'exécution, parce que les pontoniers en croisière ont sauté sur les brûlots, les ont dirigés et arrêtés sur de petites îles à 400 toises des ponts.

NOTES DIVERSES

Sur le temps employé à jeter quelques ponts.

Turenne fit jeter un pont sur le Rhin en 4 jours.

Follard dit que le brigadier Martin fit jeter un pont de 50 pontons sur le Rhin, de 116 toises de longueur, en moins de 8 heures.

En 1770, le capitaine Hoyer fit jeter sur l'Elbe, vis-à-vis Dresde, un pont de 49 pontons, ayant 116 toises de longueur, en 3 heures $\frac{3}{4}$. On le refit en 2 heures $\frac{3}{4}$; mais on ne mit que trois poutrelles par travée.

En 1776, on jeta sur l'Elbe un pont de manœuvre de 49 pontons, ayant 87 toises de longueur, en 1 heure $\frac{3}{4}$.

En 1778, on jeta, en dessous de Dresde, avec des pontons saxons, un pont de 114 toises en 3 heures.

En 1778, on jeta un pont de 73 toises en 2 heures $\frac{3}{4}$.

En 1792, à Mulberg, on jeta un pont de 26 pontons en bois, ayant 76 toises, en 2 heures $\frac{3}{4}$.

En 1812, le général Eblé a jeté en même-temps 3 ponts, avec les bateaux de l'équipage de Dantzick, sur le Niémen, en dessus de Kowno, ayant 100 toises de longueur, en 3 heures $\frac{3}{4}$. Il y avait 33 bateaux à chaque pont.

SUR *la vîtesse de quelques Fleuves.*

NOMS DES FLEUVES.	LIEUX DE L'OBSERVATION.	Vîtesse du courant en une seconde.		
		pi.	po.	
SEINE.	aux endroits rapides. . . .	6	9	
RHÔNE.	à Arles.	4	6	
	à Beaucaire.	8	»	
DURANCE. . . .	en dessous de Sisteron. . .	8	»	
RHIN.	à Geldern.	4	»	du Rhin.
	à Dusseldorf.	4	10	
	en dessous de Coblentz. .	5	»	
TESSIN.	Vîtesse moyenne.	7	6	
DANUBE.	Vîtesse moyenne.	4	6	
ELBE.	à Jaromitz.	6	4	
	à Boitsembourg.	3	8	
ODER.	en Silésie.	3	»	
	à Stettin.	2	»	
CHAGRA, en Amérique.	Vîtesse moyenne.	2	8	
MARANON, *idem.* .	Près le détroit de Pongo. .	12	»	

Sur la manière dont la distance entre les deux trains d'une voiture influe sur le tirage.

Quand le terrain n'est point parfaitement dur, les roues de l'avant-train éprouvent une certaine résistance à se frayer une voie ; si les roues de derrière suivent les traces de celles de devant, elles trouveront cette résistance vaincue ; or, il est évident que les traces des roues des deux trains coïncideront s'ils sont très-rapprochés l'un de l'autre, et que ces traces différeront d'autant plus que la distance entre les trains sera plus grande, parce que la voiture est toujours un peu plus tirée d'un côté que de l'autre, et que d'ailleurs on marche rarement suivant une ligne bien droite. On peut observer facilement à quelle distance entre les roues les traces coïncident, et à quelle autre distance elles sont distinctes. On n'augmenterait plus le tirage en donnant une distance plus grande que cette dernière ; car, du moment que les traces sont distinctes, peu importe quelle est la distance qui les sépare.

D'après cela, on aurait tort de donner une voie différente aux deux trains d'une voiture.

Sur les commandes de pontage.

C'est un heureux changement que d'employer les commandes de pontage au lieu de clameaux ; elles ne s'usent pas promptement comme on pourrait le croire. Si les pontoniers sont exercés, le brêlage demandera peu de temps et se fera sans aucun bruit. Les boulons, crochets et autres moyens de fixer les poutrelles qu'on voudra imaginer, exigent des correspondances de trous, etc., qui font éprouver du retard. Enfin, les commandes de pontage ne présentent que des avantages : elles étaient en usage depuis long-temps chez les allemands.

Sur les bateaux en toile gaudronnée.

Les bateaux en toile gaudronnée des russes sont composés d'une charpente qui s'assemble quand on veut former le bateau, au moyen de crochets et de quelques boulons. La toile se roule pour être chargée sur les voitures ; on l'étend et on la fixe à la charpente lorsqu'on assemble le bateau. La toile est forte, d'un tissu serré et bien gaudronnée.

TABLE DES MATIÈRES.